Demirci

Meine, deine, unsere Kinder

Meine, deine, unsere Kinder

Sorge, Umgang, Unterhalt

von

Maria Demirci

C.H.BECK

Zur Autorin:

Maria Demirci

ist Rechtsanwältin und Fachanwältin für Familienrecht in München. In ihrer Kanzlei (www.rds-kanzlei.de) engagiert sie sich dabei sowohl im Bereich der vorsorglichen wie auch in der konfliktbegleitenden Beratung. Ihr Fachgebiet umfasst die Durchsetzung und Abwehr von Ansprüchen im Falle von Scheidung und Trennung, insbesondere im Hinblick auf Zugewinn- und Versorgungsausgleich, Unterhalts- und Sorgerechtsfragen sowie die Erstellung von Ehe- und Lebenspartnerschaftsverträgen. Rechtsanwältin Demirci ist erfolgreiche Fachbuchautorin und ist ständige Autorin des größten deutschen juristischen Online-Recherchedienstes „Juris". In den Print- und Onlinemedien wird sie häufig als Expertin zu Rate gezogen.

www.beck.de

ISBN 978-3-406-67692-5

© 2015 Verlag C.H. Beck oHG
Wilhelmstraße 9, 80801 München

Satz: Fotosatz Buck, Zweikirchener Str. 7, 84036 Kumhausen
Druck: Druckhaus Nomos, In den Lissen 12, 76547 Sinzheim
Umschlaggestaltung: Ralph Zimmermann – Bureau Parapluie
Bildnachweis: Monkey Business – fotolia.com

Gedruckt auf säurefreiem, alterungsbeständigem Papier
(hergestellt aus chlorfrei gebleichtem Zellstoff)

So nutzen Sie dieses Buch

Um Ihnen das Lesen und Arbeiten mit diesem Buch zu erleichtern, hat die Autorin verschiedene Stilelemente verwendet, die Ihnen das schnellere Auffinden bestimmter Texte ermöglichen.

 Hier finden Sie Tipps, Aufzählungen und Checklisten.

i So sind „Merksätze" gekennzeichnet.

 Hier finden Sie Beispiele, die das Beschriebene plastisch erläutern und verständlich machen.

§ Hier finden Sie Definitionen, Rechtsnachweise oder Gesetzestexte.

 Der Bleistift kennzeichnet Mustertexte für Ihre Praxis.

Vorwort

„Als Gott am sechsten Schöpfungstag alles ansah, was er gemacht hatte, war zwar alles gut, aber dafür war auch die Familie noch nicht da."

Kurt Tucholsky (1890-1935), dt. Schriftsteller

Das „klassische Familienbild" befindet sich immer mehr auf dem Rückzug. Steigende Scheidungsraten, Patchworkfamilien, Paare ohne Trauschein oder Alleinerziehende – immer mehr Kinder wachsen nicht mehr im klassischen Familienverbund auf. Diese Gegebenheiten werfen viele Fragen auf. Wer darf den Namen auswählen? Wer erhält das Sorgerecht? Was ist mit dem Umgangsrecht? Wie verhält es sich mit dem Unterhalt? Wie verhält es sich mit dem Erbrecht?

Am 19.5.2013 ist das Gesetz zur Reform der elterlichen Sorge nicht miteinander verheirateter Eltern in Kraft getreten und hat damit dem „Müttermonopol" in Sorgerechtsfragen ein Ende gesetzt. Nach altem Recht war dem Vater ohne Zustimmung der Mutter der Erhalt des gemeinsamen Sorgerechts verwehrt. Der Europäische Gerichtshof für Menschenrechte (EGMR) und das Bundesverfassungsgericht (BVerfG) sahen hierin einen Verstoß gegen die Europäische Menschenrechtskonvention bzw. gegen die Grundrechte. Durch die gesetzliche Neuregelung ist Vätern der Zugang zur gemeinsamen elterlichen Sorge auch ohne die Zustimmung der Mütter eröffnet worden.

Am 13.7.2013 trat zudem das Gesetz zur Stärkung der Rechte des leiblichen, nicht rechtlichen Vaters in Kraft. Auch dieses Gesetz ist Ausfluss zweier Entscheidungen des EGMR und gewährt dem leiblichen Vater ein Auskunftsrecht über die persönlichen Verhältnisse des Kindes und erleichtert ihm darüber hinaus die Ausübung eines Umgangsrechts.

Der Gesetzgeber muss aufgrund der gesellschaftlichen Wirklichkeit in immer kürzeren Zeiträumen dieser auch rechtlich gerecht werden.

Dieser Ratgeber möchte dem Leser Antworten auf essentielle Fragen der Elternschaft geben und eine praktische Hilfestellung für Laien, juristische Experten und alle Berufsgruppen, die mit der Thematik befasst oder von ihr betroffen sind, sein.

Die im Ratgeber zitierten Gerichtsentscheidungen sind mit Datum und Aktenzeichen versehen. Die Entscheidungen können im Internet über Suchmaschinen oder direkt über der Homepage des Bundesgerichtshofes (www.bundesgerichtshof.de) und des Bundesverfassungsgerichtes (www.bundesverfassungsgericht.de) abgerufen werden.

München, August 2015   Maria Demirci

Inhalt

Abkürzungsverzeichnis

Abs. .... Absatz
a.F. .... alte Fassung
AG .... Amtsgericht
Art. .... Artikel
AV .... Arbeitslosenversicherung
AZ .... Aktenzeichen

BGB .... Bürgerliches Gesetzbuch
BGH .... Bundesgerichtshof
BRAO .... Bundesrechtsanwaltsordnung
BVerfG .... Bundesverfassungsgericht
bzw. .... beziehungsweise

DDR .... Deutsche Demokratische Republik

EGBGB .... Einführungsgesetz zum Bürgerlichen Gesetzbuch
EGMR .... Europäischer Gerichtshof für Menschenrechte
EStG .... Einkommensteuergesetz
etc. .... et cetera
EU .... Europäische Union
EUR .... Euro
evtl. .... eventuell

FamFG .... Gesetz über das Verfahren in Familiensachen und
                   in den Angelegenheiten der freiwilligen Gerichts-
                   barkeit
FamGKG .... Gesetz über Gerichtskosten in Familiensachen
ff. .... fortfolgende

geb. .... geboren
gem. .... gemäß

GenDG .... Gendiagnostikgesetz
GewSchG .... Gewaltschutzgesetz
GG .... Grundgesetz

ggf. .... gegebenenfalls

HKÜ .... Haager Übereinkommen über zivilrechtliche
                    Aspekte internationaler Kindesentführungen
Hs. .... Halbsatz

i.d.R. .... in der Regel
IPR .... Internationales Privatrecht
i.V.m. .... in Verbindung mit

KV .... Krankenversicherung

LPartG .... Lebenspartnerschaftsgesetz

MwSt. .... Mehrwertsteuer

NamÄndG .... Gesetz über die Änderung von Familiennamen
                    und Vornamen

OLG .... Oberlandesgericht

PV .... Pflegeversicherung

RV .... Rentenversicherung
RVG .... Rechtsanwaltsvergütungsgesetz

S. .... Seite
SGB .... Sozialgesetzbuch
sog. .... so genannte
Soli .... Solidaritätszuschlag
Std. .... Stunden

u.U. .... unter Umständen

VO .... Verordnung

z.B. .... zum Beispiel
zzgl. .... zuzüglich

1. Kapitel

Abstammung und Namensrecht

1

Unter Abstammung versteht man die rechtliche Zuordnung eines Kindes zu bestimmten Eltern. Die Frage, von wem ein Kind abstammt ist von zentraler Bedeutung, da die Abstammung ein Verwandtschaftsverhältnis begründet, welches viele rechtliche Folgen hat u.a. unterhalts- und erbrechtliche.

I. Mutterschaft

Als Mutter eines Kindes definiert das Gesetz „die Frau, die es geboren hat" (§ 1591 BGB). Diese gesetzliche Definition wurde durch das Kindschaftsreformgesetz vom 16.12.1997 eingeführt. Die moderne Fortpflanzungsmedizin ermöglicht es, dass einer Frau ein genetisch fremdes Kind durch Ei- oder Embryonenspende austrägt. Mutter per gesetzlicher Definition ist in solchen Fällen auch allein die gebärende Frau.

Achtung!   **i**

Die Mutterschaft kann im Gegensatz zur Vaterschaft durch ein gerichtliches Anfechtungsverfahren nicht beseitigt werden. Eine Ausnahme besteht nur in folgenden Fällen:

– Kindesverwechslung

– Kindesunterschiebung

– Kindesraub.

Aufgrund der ethischen, gesellschaftlichen und insbesondere juristischen Probleme, die sich aufgrund einer Leihmutterschaft und ähnlicher Modelle (Ersatzmutterschaft) ergeben, verbietet das ESchG („Embryonenschutzgesetz") vom 13.12.1990 diese. Komplikationen ergeben sich, wenn sich Eltern ins Ausland begeben, um einem unerfüllten Kinderwunsch nachzukommen.

Der Begriff „Ersatzmutter" ist im AdVermiG („Gesetz über die Vermittlung der Annahme als Kind und über das Verbot der Vermittlung von Ersatzmüttern") definiert.

§ **Ersatzmutterschaft**

Nach § 13a AdVermiG ist Ersatzmutter die Frau, die aufgrund einer Vereinbarung bereit ist,

– *sich einer künstlichen oder natürlichen Befruchtung zu unterziehen oder*

– *einen nicht von ihr stammenden Embryo auf sich übertragen oder sonst auszutragen*

und das Kind nach der Geburt Dritten zur Annahme als Kind oder zur sonstigen Aufnahme auf Dauer zu überlassen.

Die Ersatzmutter ist als gebärende Frau rechtlich immer die Kindsmutter.

Achtung!

Die Ersatzmuttervermittlung ist verboten und wird als Ordnungswidrigkeit (§ 14 Abs. 1 Nr. 2 lit. c AdVermiG) geahndet oder ist strafbar (§ 14b AdVermiG). Straffrei bleiben die Ersatzmutter und die Bestelleltern.

II. Vaterschaft

Das Gesetz trifft eine Unterscheidung zwischen dem rechtlichen und dem biologischen Vater. Der biologische Vater ist der genetische Erzeuger des Kindes. Dieser kann, muss aber nicht gleichzeitig der rechtliche Vater des Kindes sein. Laut Gesetz (§ 1592 BGB) ist derjenige Vater eines Kindes,

- welcher im Zeitpunkt der Geburt mit der Mutter des Kindes verheiratet ist,

- welcher die Vaterschaft anerkannt hat oder

- dessen Vaterschaft durch das Gericht festgestellt worden ist.

Dabei ist nicht entscheidend, ob der Vater tatsächlich der Erzeuger ist.

1. Vaterschaft auf Grund Ehe (§ 1592 Nr. 1 BGB)

Für die Vaterschaft kommt es allein darauf an, ob der Mann mit der Kindsmutter zum Zeitpunkt der Geburt des Kindes verheiratet war, auch wenn das Kind vor der Ehe gezeugt worden ist. Jedoch muss der rechtliche Vater nicht auch tatsächlich der biologische Vater sein.

a) Anerkennung der Vaterschaft durch einen Dritten

Rechtliche Vaterschaft:

Herr und Frau Muster sind miteinander verheiratet. Frau Muster ist jedoch in ihrer Ehe nicht glücklich, da Herr Muster keine Kinder bekommen kann. Frau Muster trennt sich von ihrem Mann und reicht nach Ablauf des Trennungsjahres die Scheidung ein. In der Zwischenzeit hat sie einen neuen Mann kennengelernt und wird schwanger. Das Kind wird am 10.1.2015 geboren. Die Scheidung wird erst wenige Tage später rechtskräftig. Herr Muster, der zum Zeitpunkt der Geburt des Kindes mit Frau Muster noch verheiratet war, wird daher rechtlicher Vater des Kindes.

Sind sich jedoch alle Beteiligten, wie im Beispielsfall, über die wahre Abstammung des Kindes einig, können teure Abstammungsverfahren vermieden werden. Wird ein Kind nach Anhängigkeit (Einreichung des Scheidungsantrages bei Gericht) innerhalb der Ehe geboren und erkennt der Dritte, daher der leibliche Vater, die Vaterschaft innerhalb eines Jahres nach Rechtskraft der Scheidung an und stimmen der Ehemann der Kindsmutter und diese der Anerkennung zu, so wird der leibliche Vater auch der rechtliche Vater des Kindes und nicht der Ehemann der Kindsmutter.

b) Geburt des Kindes nach Tod des Vaters

Stirbt der verheiratete Vater und wird das Kind innerhalb von 300 Tagen nach dessen Tod geboren, so wird die Vaterschaft aufgrund der Ehe auf diesen Zeitraum ausgedehnt. Der Verstorbene und zu diesem

Zeitpunkt Verheiratete gilt als Vater des geborenen Kindes (§ 1593 S. 1 BGB). Steht fest, dass das Kind früher als 300 vor seiner Geburt gezeugt wurde, erstreckt sich die Vaterschaft des Verstorbenen auch auf diesen Zeitraum.

i Achtung!

Heiratet die Kindsmutter eines innerhalb von 300 Tagen nach dem Tod des Vaters geborenen Kindes, so gilt der neue Ehemann als rechtlicher Vater (§ 1593 S. 3 BGB). Wenn jedoch rechtskräftig feststeht, dass der neue Ehemann nicht der Kindsvater ist, gilt der Verstorbene als Vater des Kindes (§ 1593 S. 4 BGB).

c) Künstliche Befruchtung/Samenspende

Bei der künstlichen Befruchtung ist zwischen der homologen Befruchtung und der heterologen Befruchtung zu unterscheiden.

§ Homologe Befruchtung:

Darunter versteht man, dass der künstlich in den Körper einer Frau eingebrachte Samen vom eigenen Ehemann bzw. Partner stammt.

§ Heterologe Befruchtung:

Hierunter versteht man die Befruchtung der Eizelle der Frau mit dem Samen eines anderen als dem des Ehemannes.

Da es für die Frage der Vaterschaft nur auf die Tatsache des Verheiratetseins ankommt, ist der Ehemann auch Vater des von seiner Frau geborenen Kindes in allen Fällen künstlicher Befruchtung.

i Achtung!

Bereits am 31.1.1989 hatte das BVerfG (AZ: 1 BvL 17/87) entschieden, dass durch künstliche Befruchtung gezeugte Kinder einen Anspruch auf Kenntnis ihrer biologischen Abstammung haben. Der BGH entschied am 28.1.2015 (AZ: XII ZR 201/13) sogar, dass das mittels heterologer Insemination gezeugte Kind bzw. dessen Eltern vom behandelnden Arzt Auskunft über den Namen des biologischen Vaters verlangen dürfen. Das Gericht hat das Interesse des Kindes auf Klärung seiner Abstammung höher gewichtet, als das Interesse des Arztes und des Samenspenders an einer Geheimhaltung der Spenderdaten. Aufgrund der Auskunftsverpflichtung verstößt der Arzt auch nicht gegen seine ärztliche Schweigepflicht.

Verträge, wonach dem Samenspender Anonymität zugesichert wird, sind daher nicht wirksam. Daneben sind Verträge, mit denen Unterhaltsansprüche des Kindes und dessen erbrechtliche Ansprüche gegenüber seinem biologischen Vater, dem Samenspender, ausgeschlossen werden, ebenfalls unwirksam. Es handelt sich dabei um unzulässige Verträge zu Lasten Dritter.

Achtung!

Die Anfechtung der Vaterschaft durch die Mutter oder deren Ehemann ist ausgeschlossen, wenn ein Kind mit Einwilligung des Mannes und der Mutter durch heterologe Befruchtung gezeugt worden ist.

Mit Eintritt der Volljährigkeit, kann das Kind die Vaterschaft selbst anfechten und etwaige unterhalts- und erbrechtliche Ansprüche gegen den Samenspender gerichtlich geltend machen.

2. Vaterschaft aufgrund Anerkennung (§ 1592 Nr. 2 BGB)

Sind die Eltern nicht miteinander verheiratet, kann die Vaterschaft durch eine Anerkenntniserklärung des Vaters begründet werden. Die Anerkennung begründet – auch wenn sie wissentlich falsch ist – den Rechtsschein der Vaterschaft. Zusätzlich muss die Mutter und in bestimmten Fällen auch das Kind der Anerkennung des Vaters zustimmen.

Tipp!

Die Anerkennung der Vaterschaft kann bereits vor der Geburt eines Kindes erfolgen. Damit wird das Verwandtschaftsverhältnis, von welchem viele Rechtsbeziehungen, u.a. Unterhaltsansprüche, Staatangehörigkeit etc., abhängen, begründet.

Die Anerkennung und Zustimmung sind an das Formerfordernis der **öffentlichen Beurkundung** gebunden. Diese können vor einem Jugendamt, Notar oder Standesamt abgegeben werden.

Merke!

Erklärungen vor dem Standesamt oder dem Jugendamt sind kostenlos. Erklärungen vor dem Notar sind ebenfalls gebührenfrei, jedoch fallen Auslagen an.

 Tipp!

Wenn Sie die Anerkennung vor dem Jugendamt erklären, können Sie gleichzeitig auch Erklärungen zur elterlichen Sorge abgeben.

Wie bereits ausgeführt wurde, bedarf die Anerkennung der Vaterschaft der Zustimmung der Mutter. Die Zustimmung der Mutter kann nicht gerichtlich ersetzt werden. Fehlt die Zustimmung der Kindsmutter, kann die Vaterschaft unter bestimmten Voraussetzungen nur durch ein gerichtliches Verfahren festgestellt werden.

Ein volljähriges Kind muss stets zustimmen. Bei minderjährigen Kindern bedarf es deren Zustimmung nicht, es sei denn, die Kindsmutter hat die Alleinsorge nicht inne, z.B. weil das Kind von einem Vormund oder Pfleger vertreten wird. Für ein Kind, welches das 14. Lebensjahr noch nicht vollendet hat, kann nur dessen gesetzlicher Vertreter zustimmen. Ab Vollendung des 14. Lebensjahres ist daneben die Zustimmung des Kindes erforderlich.

 Checkliste: Erforderliche Unterlagen für die Anerkennungserklärung des Vaters

☐ *Personalausweis oder Reisepass und die eigene Geburtsurkunde*

☐ *vor der Geburt: Nachweis des voraussichtlichen Geburtsdatums des Kindes (z.B. Mutterpass)*

☐ *nach der Geburt: Geburtsurkunde des Kindes*

☐ *die Zustimmungserklärung der Mutter*

☐ *Personalausweis oder Reisepass der Mutter*

☐ *bei getrennter Erklärung: beglaubigte Abschrift der Anerkennungserklärung des Vaters*

☐ *weitere Zustimmungserklärungen (z.B. gesetzlicher Vertreter minderjähriger Eltern):*

☐ *Personalausweis oder Reisepass der gesetzlichen Vertreter*

☐ *beglaubigte Abschrift der Erklärung, zu der die Zustimmung abgegeben wird*

☐ *eventuell Nachweise über die Stellung als gesetzlicher Vertreter*

In jedem Fall sollten Sie sich bei der zuständigen Stelle vorab über im Einzelfall weitere erforderliche Unterlagen erkundigen.

Achtung!

Erkennt ein Dritter nach Rechtshängigkeit des Scheidungsantrages die Vaterschaft eines innerhalb eines Jahres nach Rechtskraft der Scheidung in der Ehe geborenen Kindes an, muss der „Noch-Ehemann" der Kindsmutter auch zustimmen.

Die Anerkennung muss im Geburtenbuch von Amts wegen vermerkt werden.

Die Anerkennung kann nicht unter eine Bedingung, z.B. dass die Kindsmutter dem Vater ein Sorgerecht einräumt, gestellt werden. Die Vaterschaftsanerkennung kann grundsätzlich nicht widerrufen werden. Ein Widerruf der Anerkennung kann ausnahmsweise erklärt werden, wenn die Anerkennung nicht ein Jahr nach der Beurkundung wirksam geworden ist, z.B. weil die Zustimmung der Mutter fehlt.

Achtung!

Der Widerruf bedarf ebenfalls der öffentlichen Beurkundung und kann ggü. dem Jugendamt, Notar oder dem Standesamt erklärt werden.

Wenn seit der Eintragung der Anerkennung ins Personenstandsregister 5 Jahre vergangen sind, kann die Anerkennung jedoch nicht mehr widerrufen werden.

Achtung!

Auch wenn die Anerkennung bereits vor der Geburt eines Kindes erfolgen kann, können deren Rechtswirkungen erst mit Wirksamkeit derselben geltend gemacht werden.

3. Gerichtliche Feststellung der Vaterschaft (§ 1592 Nr. 3 BGB)

Besteht keine Vaterschaft aufgrund Ehe oder Anerkennung, kann diese gerichtlich festgestellt werden.

a) Vaterschaftsvermutung

Das Gesetz geht davon aus, dass als Vater eines Kindes derjenige vermutet wird, welcher der Mutter in der Empfängniszeit beigewohnt hat (§ 1600d Abs. 2 S. 1 BGB).

Empfängniszeit

Als Empfängniszeit ist die Zeit vom 300. bis zum 181. Tag vor der Geburt des Kindes anzusehen.

b) Gerichtliches Verfahren

Zuständig für das Vaterschaftsfeststellungsverfahren ist das Familiengericht. Die Feststellung der Vaterschaft können die Mutter oder das Kind beantragen. Daneben kann auch ein Mann die Vaterschaftsanerkennung betreiben, wenn ihm die Kindsmutter z.B. die Zustimmung zur Vaterschaftsanerkennung, verweigert.

Im Verfahren herrscht der sog. **Amtsermittlungsgrundsatz.** Das Gericht kann von selbst die Einholung von Beweisen anordnen bzw. Tatsachen berücksichtigen, die von den Beteiligten nicht vorgetragen worden sind.

Amtsermittlung:

Im gerichtlichen Verfahren stimmt die Kindsmutter dem die Vaterschaft begehrenden Mann bei seiner Behauptung, er sei der biologische Vater des Kindes zu. Das Gericht hat daran starke Zweifel, da es in Erfahrung gebracht hat, dass dem Vater die Abschiebung droht. Die Abschiebung kann nur abgewendet werden, wenn er eine Aufenthaltsgenehmigung als Familienangehöriger erhält. Das Gericht ordnet aus diesem Grund die Einholung eines Vaterschaftstests an.

In der Regel holt das Gericht zur Klärung der Vaterschaft sog. **Abstammungsgutachten** ein. Folgende Methoden werden hierbei angewandt:

- **Blutgruppengutachten:** Diese Gutachten gehen von der Annahme aus, dass bestimmte Bluteigenschaften vererblich und unveränderbar sind. Sind diese Bluteigenschaften des Kindes weder bei der Mutter noch bei dem untersuchten Mann zu finden, so kann mit Sicherheit davon ausgegangen werden, dass der untersuchte Mann nicht der Vater des Kindes ist. Kann nach dieser Methode die Vaterschaft nicht ausgeschlossen werden, findet eine statistisch-mathematische Auswertung der Blutbefunde statt. Dieser Methode liegt die statistisch abgesicherte Erkenntnis zu Grunde, dass bestimmte Blutmerkmale verschieden oft in der Bevölkerung auftreten. Weisen also das Kind und der Vaterschaftskandidat beide selten aufkommende Bluteigenschaften auf, spricht eine sehr hohe Wahrscheinlichkeit für die Vaterschaft.

- **DNS-Analyse:** Bei dieser Methode werden genetische Merkmale der Beteiligten untersucht und miteinander verglichen. Weist das Kind Genmerkmale auf, die weder bei der Mutter noch beim untersuchten Mann zu finden sind, scheidet dieser als Vater aus. Umgekehrt trägt die Analyse zur positiven Vaterschaftsfeststellung bei, wenn die Genmerkmale der Beteiligten übereinstimmen.

- **Erbbiologisches Gutachten:** Sichtbar vererbliche Körpermerkmale, z.B. Hautfarbe, Gesichtsform etc. von Kind und untersuchtem Mann werden miteinander verglichen. Aus dem Umfang der Übereinstimmungen wird auf eine Wahrscheinlichkeit für die Vaterschaft geschlossen. Diese Methode weist einen sehr beschränkten Beweiswert auf.

- **Tragezeitgutachten:** Diese vergleichen die Schwangerschaftsdauer und die Reifemerkmale des Kindes. War die Tragezeit ungewöhnlich lang oder kurz, können diese Gutachten in bestimmten Fällen ausschlaggebend sein.

Lange Abwesenheit:
Der Vaterschaftskandidat war im fraglichen Zeitraum gar nicht anwesend, z.B. wegen eines längeren Auslandsaufenthaltes.

Achtung!
Heimliche Vaterschaftstests, daher ohne Wissen eines Beteiligten, sind in Deutschland seit Inkrafttreten des Gendiagnostikgesetzes (GenDG) am 1.2.2010 verboten. Wer einen heimlichen bzw. anonymen Vaterschaftstest durchführen lässt, riskiert eine Ord-

25

nungswidrigkeit, welche mit bis zu € 5.000 bestraft wird. Labore, welche sich dem widersetzen, riskieren eine Geldbuße von bis zu € 300.000. Strafbar macht man sich mit einem geheimen Abstammungstest derzeit jedoch nicht.

Heimliche Vaterschaftstests können somit auch nicht als Beweismittel in ein gerichtliches Verfahren eingeführt werden.

Soweit erforderlich und zumutbar, müssen die Beteiligten die Entnahme von Blut-oder Gewebeproben dulden (§ 178 FamFG). Die Anforderungen an die Unzumutbarkeit sind von der Rechtsprechung ziemlich hoch gelegt worden.

i Achtung!
Die Verweigerung der Blutentenahme aus religiösen Gründen ist nicht möglich. Sogar das Risiko strafrechtlicher Verfolgung führt nicht dazu, dass die Untersuchung verweigert werden kann.

Wird eine durch das Gericht angeordnete Untersuchung grundlos verweigert, kann sogar Zwang angewandt werden. Dies bedeutet die zwangsweise Vorführung zur Blut- oder Gewebeprobeentnahme durch den Gerichtsvollzieher, notfalls durch Zuhilfenahme der Polizei.

Die Rechtswirkungen der festgestellten Vaterschaft können erst ab Rechtskraft der gerichtlichen Entscheidung geltend gemacht werden.

i Ausnahme: Unterhaltsverpflichtung vor der Feststellung
Bereits vor Feststellung der Vaterschaft und sogar vor der Geburt des Kindes kann die Kindsmutter von dem vermuteten Vater für sich und das Kind im Wege der einstweiligen Anordnung nach § 247 Abs. 1 FamFG Unterhalt verlangen. Der Zeitraum, für den Unterhalt verlangt werden kann, umfasst dabei die ersten drei Lebensmonate des Kindes und 14 Wochen (6 Wochen vor der Geburt und 8 Wochen nach der Geburt) für die Mutter.

✔ Tipp!
Es kann sogar beantragt werden, dass die für das Kind erforderlichen Unterhaltsbeträge bereits vor seiner Geburt zu hinterlegen sind!

c) Sonderproblem: Postmortale Vaterschafts- anerkennung

Exhumierung zur Feststellung der Vaterschaft:

Eine Frau behauptete, dass der im Jahr 2011 Verstorbene ihr Vater gewesen sei, da dieser mit ihrer Mutter in der Empfängniszeit Geschlechtsverkehr gehabt habe. Nach seinem Tod begehrte sie die Exhumierung der Leiche, um eine Gewebeprobe für einen Vaterschaftstest zu entnehmen.

Der BGH hat in einer Entscheidung vom 29.10.2014 (AZ: XII ZB 20/14) zur möglichen Exhumierung zur Feststellung einer Vaterschaft Stellung bezogen. Es muss dabei zwischen zwei Positionen abgewogen werden: Dem Recht des Kindes auf Kenntnis der eigenen Abstammung und dem postmortalen Persönlichkeitsrecht des Verstorbenen. Der BGH entschied sich in dem Fall für das Recht des Kindes auf Kenntnis der Abstammung, auch wenn das Kind in erster Linie Erbinteressen verfolgte. Das Recht der Totenfürsorge kann der Exhumierung auch nicht entgegenstehen. Andere Möglichkeiten zur Feststellung der Vaterschaft standen im vorliegenden Fall nicht zur Verfügung, da der Sohn des Verstorbenen sich weigerte, eine Blutprobe abzugeben. Problematisch sind die Fälle, in denen eine Exhumierung zur Entnahme von Gewebeproben nicht möglich ist, z.B. weil eine Feuerbestattung stattgefunden hat. In Fällen, in denen die Untersuchung eines der beiden Elternteile nicht möglich ist, kann es notwendig sein, Eltern, Geschwister oder andere Kinder des Elternteils in die Untersuchung einzubeziehen.

Tipp!

Die obigen Ausführungen zur Möglichkeit der Exhumierung gelten auch für die Vaterschaftsanfechtung.

III. Vaterschaftsanfechtung

Die aufgrund der Ehe oder Anerkennung bestehende Vaterschaft kann in einem gerichtlichen Feststellungsverfahren angefochten werden. Die erfolgreiche Anfechtung beseitigt mit Rückwirkung auf den Zeitpunkt der Geburt oder der Anerkennung der Vaterschaft das Eltern-Kind-Verhältnis zwischen dem Mann und dem Kind.

1. Anfechtungsberechtigte

Anfechtungsberechtigt nach § 1600 Abs. 1 BGB sind,

1. der Vater, dessen Vaterschaft aufgrund Ehe oder Anerkennung besteht,

2. der biologische Vater,

3. die Kindsmutter,

4. das Kind,

5. die anfechtungsberechtigte Behörde

a) Rechtlicher Vater

Die Anfechtung der Vaterschaft durch die Mutter oder deren Ehemann bzw. den die Vaterschaft anerkannt habenden Vater ist ausgeschlossen, wenn ein Kind mit Einwilligung des Mannes und der Mutter durch heterologe Befruchtung gezeugt worden ist.

Tipp!

Das eigene Anfechtungsrecht des Kindes ist hiervon nicht betroffen. Das volljährige Kind kann die Vaterschaft anfechten, um dann evtl. die Vaterschaft des Samenspenders feststellen zu lassen.

b) Biologischer Vater

Dem leiblichen, aber nicht rechtlichen – „biologischen" – Vater, wurde mit dem am 30.4.2004 in Kraft getretenen Gesetz eine begrenzte Anfechtungsberechtigung eingeräumt. Die Anfechtungsmöglichkeit ist jedoch an drei Voraussetzungen geknüpft:

- Der leibliche Vater muss eine eidesstattliche Versicherung mit dem Inhalt abgeben, dass er der Kindsmutter im Empfängniszeitraum beigewohnt hat;

i Vorsicht!

Wer eine falsche Versicherung an Eides statt abgibt, macht sich strafbar!

- zwischen gesetzlichem Vater und Kind darf keine sozial-familiäre Beziehung bestehen;

28

Sozial-familiäre Beziehung:

§

Eine solche besteht nur, wenn der gesetzliche Vater tatsächlich Verantwortung für das Kind übernimmt. Von einer solchen Verantwortung ist in der Regel auszugehen, wenn der gesetzliche Vater mit der Kindsmutter verheiratet ist oder längere Zeit mit dem Kind in einem Haushalt gelebt hat.

- der Anfechtende muss tatsächlich der leibliche Vater sein.

c) Minderjährige Kinder

Für minderjährige Kinder kann nur der gesetzliche Vertreter anfechten.

Achtung!

i

Wenn der Vater und/oder die Mutter die gesetzlichen Vertreter des Kindes sind, ist wegen des bestehenden Interessengegensatzes stets ein Ergänzungspfleger für das Kind im Anfechtungsverfahren zu bestellen. Dieser nimmt die Rolle des gesetzlichen Vertreters wahr.

Die Anfechtung ist jedoch nur zulässig, wenn sie dem Wohl des Kindes dient. Die Anfechtung dient dem Kindeswohl, wenn sie rechtlich vorteilhaft ist. Das Gericht muss berücksichtigen, welche Auswirkungen das Anfechtungsverfahren auf den Familienfrieden der Beteiligten hat und welche vermögensrechtlichen Konsequenzen es nach sich zieht. Die Familienbande des rechtlichen Vaters zum Kind sollen nicht grundlos, z.B. wenn der leibliche Vater nicht ermittelt werden kann, zerschnitten werden. Das Kind soll zudem seine unterhalts- und erbrechtlichen Ansprüche, die er gegen den rechtlichen Vater hat, nicht verlieren.

d) Anfechtungsberechtigte Behörde

Die Anfechtungsmöglichkeit durch die zuständige Behörde, welche die jeweiligen Bundesländer bestimmten, wurde durch den Gesetzgeber geschaffen, um Vaterschaftsanerkennungen anzugreifen, deren Zweck es war, einem Elternteil oder dem Kind ein Aufenthaltsrecht zu verschaffen. Die Anfechtung setzte voraus, dass

- die Vaterschaft durch Anerkennung nach § 1592 Nr. 2 BGB begründet wurde,

- dadurch die rechtliche Voraussetzung für eine erlaubte Einreise oder einen erlaubten Aufenthalt des Kindes oder eines Elternteils geschaffen wurde,

- zwischen dem Kind und dem Anerkennenden keine sozial familiäre Beziehung bestanden haben darf.

Das BVerfG hat mit seiner Entscheidung vom 17.12.2013 (AZ: 1 BvL 6/10) die Vorschrift für verfassungswidrig und damit für nichtig erklärt. Der Entscheidung lag folgender Sachverhalt zugrunde:

Eine vietnamesische Frau gebar ein Kind. Zum Zeitpunkt der Geburt war sie mit einem Vietnamesen verheiratet, von dem sie später geschieden wurde. Das Kind besaß ebenfalls die vietnamesische Staatsangehörigkeit. Der Aufenthalt des Kindes in der Bundesrepublik Deutschland war nicht erlaubt, der seiner Mutter geduldet. Vor der Geburt des Kindes erkannte ein deutscher Staatsangehöriger die Vaterschaft des Kindes an. Die Kindsmutter und der damalige Ehemann der Kindsmutter stimmten der Anerkennung zu. Durch die Vaterschaftsanerkennung erwarb das Kind die deutsche Staatsbürgerschaft und zum Zweck des Zusammenlebens mit ihrem deutschen Kind erhielt die Kindsmutter eine Aufenthaltserlaubnis. Bei Nachforschungen durch die Ausländerbehörde kam ans Licht, dass der Mann, der die Vaterschaft anerkannt hatte, mit dem Kind und der Kindsmutter nicht in einem Haushalt wohnte. Zudem ergab ein gerichtlich eingeholtes Abstammungsgutachten, dass er nicht der biologische Vater des Kindes ist

Nach Auffassung des Bundesverfassungsgerichts verstößt § 1600 Abs. 3 BGB gegen Art. 16 GG, wonach niemandem die deutsche Staatsangehörigkeit entzogen werden darf. Es hätte zumindest einer Fristen- und Altersregelung bedurft, um zu vermeiden, dass ein Kind nachdem es mehrere Jahre als Deutscher aufgewachsen ist, plötzlich die Staatsangehörigkeit verliert. Die rückwirkend angeordnete Anfechtungsmöglichkeit bei Inkrafttreten des Gesetzes verstößt außerdem gegen das Rückwirkungsverbot. Darüber hinaus ist aber auch der Begriff „fehlende sozial-familiäre Vater-Kind-Beziehung" nicht geeignet, um ausschließlich aufenthaltsrechtlich motivierte Anerkennungen auszuschließen.

Achtung!
Der Gesetzgeber hat noch keine Ersatzregelung geschaffen. Das Anfechtungsrecht der Behörden ist bis zur Schaffung einer Ersatzregelung ausgeschlossen!

2. Anfechtungsgrund

Für die Vaterschaftsanfechtung reicht es regelmäßig nicht aus, wenn der rechtliche Vater lediglich behauptet, er sei nicht der leibliche Vater. Er muss vielmehr nachprüfbare Umstände vortragen, die Zweifel an der biologischen Abstammung des Kindes wecken. Solche Zweifel können, z.B. sein:

- Zweifel an der ehelichen Abstammung des Kindes (Empfängnis oder Geburt außerhalb der Ehe)

- Unfruchtbarkeit des Mannes im Empfängniszeitraum

- ein mit Einverständnis des Kindes und der Mutter durchgeführtes Abstammungsgutachten.

In der Regel kommen äußerliche Merkmale als Verdachtsmomente nicht in Betracht, so z.B. wenn keine auffälligen Ähnlichkeiten mit dem Kind bestehen.

3. Anfechtungsfrist

Die Vaterschaft muss innerhalb von zwei Jahren ab Kenntnis der zur Anfechtung berechtigenden Umstände beim zuständigen Familiengericht beantragt werden. Die Frist beginnt nicht vor Geburt des Kindes und nicht bevor die Anerkennung der Vaterschaft wirksam geworden ist.

a) Anfechtung durch den (Schein-)Vater

Der Scheinvater muss den biologischen Vater nicht kennen. Die Anfechtungsfrist beginnt für ihn, wenn er die sichere Kenntnis von Tatsachen erlangt, aus denen sich die nicht ganz fernliegende Möglichkeit der Abstammung des Kindes von einem anderen Mann ergeben. Damit ist nicht positive Kenntnis der Vaterschaft gemeint. Dies kann, z.B. der Fall sein, wenn die Kindsmutter die Abstammung des Kindes ernsthaft in Frage stellt oder bei hinreichend begründeten Anhaltspunkten für Mehrverkehr bei der Kindsmutter.

b) Anfechtung durch den biologischen Vater

Beim biologischen Vater beginnt die Frist regelmäßig ab Geburt des Kindes an zu laufen. Aufgrund des ihm bekannten Beiwohnungszeitpunktes muss sich ihm die Möglichkeit der Vaterschaft aufdrängen.

i **Achtung!**
Bei bestehender sozial-familiärer Beziehung zwischen rechtlichem Vater und Kind, ist eine Anfechtung des biologischen Vaters ausgeschlossen.

Die Anfechtungsfrist läuft auch während der Zeit, in der eine Anfechtung wegen bestehender sozial-familiärer Beziehung, ausgeschlossen ist. Das bedeutet, dass auch wenn die Anfechtung wegen des Hinderungsgrundes der bestehenden sozial-familiären Beziehung ausgeschlossen war, bei Ablauf der Zweijahresfrist, der biologische jegliche Anfechtungsmöglichkeit verliert, auch wenn zu einem späteren Zeitpunkt die sozial-familiäre Beziehung zwischen Kind und rechtlichen Vater entfallen kann.

c) Anfechtung durch das minderjährige Kind

Für den Beginn der Frist kommt es auf die Kenntnis des vertretungsberechtigten Elternteils an. Bei Alleinsorge eines Elternteils kommt es auf dessen Kenntnis an. Bei gemeinsamer elterlicher Sorge ist auf die Kenntnis beider Eltern abzustellen. Liegt ein erheblicher Interessengegensatz vor und wurde aus diesem Grund dem anderen Elternteil die elterliche Sorge entzogen, kommt es auf die Kenntnis des dann allein vertretungsberechtigten Elternteils an.

Q **Interessengegensatz:**
Der rechtliche Vater kann nicht gleichzeitig Beteiligter und gesetzlicher Vertreter des Kindes sein, da das Vaterschaftsanfechtungsverfahren gerade auf die Beseitigung des zwischen ihm und dem Kind bestehenden rechtlichen Verhältnisses zielt.

d) Anfechtung durch das volljährige Kind

Wurde die Vaterschaft nicht durch den gesetzlichen Vertreter während der Minderjährigkeit des Kindes angefochten, so beginnt die Anfechtungsfrist nicht vor Eintritt der Volljährigkeit des Kindes und nicht vor dem Zeitpunkt, in dem das Kind von den gegen die die Vaterschaft sprechenden Umständen erfährt, zu laufen. Unter besonderen gesetzlichen Voraussetzungen kann das durch Fristablauf ausgeschlossene Anfechtungsrecht wieder aufleben und damit die Anfechtungsfrist neu anlaufen lassen, wenn die Folgen der Vaterschaft für das Kind **unzumutbar** sind.

Tipp!

Das Wiederaufleben der Anfechtungsfrist gilt sowohl für volljährige als auch für minderjährige Kinder!

Gründe für unzumutbare Folgen der Vaterschaft:

- Auflösung der Ehe der Kindsmutter mit gesetzlichem Vater und Heirat des biologischen Vaters,

- schwere Erbkrankheit des rechtlichen Vaters,

- Tod des rechtlichen Vaters.

IV. Anspruch auf Klärung der Abstammung

Der Gesetzgeber musste zur Verwirklichung des Rechts des rechtlichen Vaters auf Kenntnis der Abstammung seines Kindes von ihm ein gesetzliches Verfahren bereitstellen, in dem die Abstammung eines Kindes von seinem rechtlichen Vater unabhängig von einem Vaterschaftsanfechtungsverfahren geklärt werden kann. Diese Möglichkeit sieht nunmehr § 1598a BGB vor. Danach sind der rechtliche Vater, die Kindsmutter sowie das Kind gegenüber jeweils beiden (rechtlichen) Elternteilen zur Klärung der Abstammung des Kindes berechtigt.

Achtung!

Der leibliche Vater gehört nicht zum Kreis der Berechtigten. Er muss weiterhin den Weg über das Anfechtungsverfahren gehen.

Der Anspruch aus § 1598a BGB richtet sich auf Einwilligung in die Einholung eines genetischen Abstammungsgutachtens. Wird die Einwilligung durch den jeweiligen Verpflichteten nicht erteilt, besteht die Möglichkeit, die Einwilligung durch das Familiengericht ersetzen zu lassen. Hierfür bedarf es eines Antrages.

33

Tipp!

Der Vater oder die Mutter sind von der Vertretung ihres minderjährigen Kindes in diesem Abstammungsverfahren ausgeschlossen. Für das Kind muss ein Ergänzungspfleger bestellt werden, der die Rechte des Kindes im Verfahren wahrnimmt.

In außergewöhnlichen Fällen kann das Gericht, um dem Kindeswohl Rechnung zu tragen, das Abstammungsverfahren für eine gewisse Zeit aussetzen. Damit soll sichergestellt werden, dass der Anspruch auf Abstammung nicht zu einem, für das Kind ungünstigen Zeitpunkt, durchgesetzt wird. Weitere Voraussetzungen sind an die Geltendmachung des Anspruches nicht geknüpft. Der Anspruch kann auch niemals verjähren. Das bedeutet, dass der Anspruch – im Gegensatz zum Vaterschaftsanfechtungsverfahren – zeitlich unbefristet jederzeit gestellt werden kann, wenn jemand das Bedürfnis hat, seine Abstammung klären zu lassen.

 Achtung!

Die Einwilligung ist immer vor Begutachtung einzuholen. Ein heimlich eingeholtes Abstammungsgutachten kann nicht nachträglich genehmigt werden.

Das gerichtliche Abstammungsverfahren hemmt, d.h. unterbricht, die zweijährige Anfechtungsfrist im gerichtlichen Vaterschaftsanfechtungsverfahren. Erst sechs Monate nach Rechtskraft der Entscheidung im Abstammungsverfahren läuft die Anfechtungsfrist weiter.

 Tipp!

Das Abstammungsverfahren hat den Vorteil, dass die Vaterschaft geklärt werden kann, ohne dass hieran rechtliche Folgen geknüpft werden! Das Elternband zwischen rechtlichem Vater und Kind wird nicht getrennt.

Die Beteiligten können sich im Anschluss an ein Abstammungsverfahren noch überlegen, ob sie die rechtliche Vaterschaft bestehen oder beseitigen lassen wollen.

V. Wer entscheidet über den Namen des Kindes?

„Nomen est omen" ist eine lateinische Redensart und bedeutet, der Name ist ein Zeichen. Die Namensgebung sollte gut überlegt werden, da der Nachname eines Kindes seine Familienzugehörigkeit nach außen hin dokumentiert. Trägt das Kind, z.B. einen anderen Nachnamen als die Mutter, muss sich diese im Alltag gegenüber Behörden, Ärzten etc. erklären und ggf. Nachweise zur Elternschaft vorlegen.

Achtung!
Das geltende Namensrecht knüpft nicht mehr an die Ehelichkeit bzw. Nichtehelichkeit eines Kindes, sondern nur an das Sorgerecht an. Der Kindesname kann aus diesem Grund nur während der Minderjährigkeit des Kindes geändert werden.

1. Namensgebung bei gemeinsamer elterlicher Sorge

a) Eltern mit Ehenamen

Es kommt darauf an, ob die Eltern sich bei Eheschließung für einen gemeinsamen Ehenamen (Nachnamen) entschieden haben oder nicht. Tragen die Eltern bei Geburt eines Kindes einen Ehenamen, erhält das Kind automatisch diesen Ehenamen als Geburtsnamen. Haben die Eltern keinen Ehenamen, können sie anlässlich der Beurkundung der Geburt beim Standesamt oder nach Beurkundung der Geburt den Nachnamen des Vaters oder der Mutter als Geburtsnamen bestimmen.

Achtung!
Wird der Geburtsname erst nach Beurkundung der Geburt bestimmt, muss diese Erklärung vor einem Notar oder dem örtlich zuständigen Standesbeamten öffentlich beglaubigt werden.

Die Wahl eines Doppelnamens, gebildet aus den jeweiligen Familiennamen der Eltern, ist nicht zulässig.

Unzulässiger Doppelname:
Herr Muster und Frau Mann haben sich bei Eheschließung dafür entschieden, ihre jeweiligen Nachnamen zu behalten. Bei Geburt eines Kindes können sie ihrem Kind nicht den Doppelnamen Muster-Mann geben.

Die einmal getroffene Namenswahl ist auch für weitere Kinder bindend. Hierdurch sollen unterschiedliche Nachnamen der Kinder verhindert werden.

b) Eltern ohne Ehenamen

Bei Eltern ohne Ehenamen folgt das Recht zur Bestimmung des Kindesnamens aus der elterlichen Sorge. Eltern ohne Ehenamen sind nicht miteinander verheiratete Eltern oder Eheleute, die bis zur Geburt des Kindes keinen Ehenamen bestimmt haben. Die einmal getroffene Namenswahl ist auch für weitere Kinder bindend. Hierdurch sollen unterschiedliche Nachnamen der Kinder verhindert werden.

Wenn die Eltern den Geburtsnamen nicht innerhalb eines Monats nach Geburt des Kindes bestimmt haben, z.B. weil sie sich nicht einigen können, überträgt das Familiengericht einem Elternteil das Bestimmungsrecht. Außerdem wird diesem Elternteil eine Frist für die Ausübung des Namensbestimmungsrechts gesetzt. Der bestimmungsberechtigte Elternteil kann dabei frei entscheiden, ob er dem Kind seinen Nachnamen oder den des anderen Elternteils gibt.

i

Achtung!
Der bestimmungsberechtigte Elternteil benötigt nicht die Zustimmung des anderen Elternteils. Dieser kann somit die Wahl des Nachnamens durch den anderen Elternteil nicht verhindern!

Trifft der bestimmungsberechtigte Elternteil innerhalb der gerichtlich gesetzten Frist keine Entscheidung zur Namensgebung des Kindes, erhält dieses nach Ablauf der Frist automatisch den Nachnamen des bestimmungsberechtigten Elternteils.

Heiraten die Eltern erst nach Geburt des Kindes oder sind sie bereits verheiratet, führen aber noch keinen Ehenamen und bestimmen in diesen beiden Fällen später einen Ehenamen, wird dieser auch der Name des Kindes. Hat das Kind das fünfte Lebensjahr bereits vollendet, muss es sich der Namensänderung anschließen. Dies geschieht bis zur Vollendung des 14. Lebensjahres durch die Eltern und danach – mit Zustimmung der Eltern – durch das Kind selbst. Die Anschlusserklärung des Kindes muss öffentlich beglaubigt werden, die Zustimmungserklärung der Eltern hingegen nicht.

Begründen die Eltern die gemeinsame elterliche Sorge erst nach Geburt des Kindes und führt das Kind bereits einen Elternnamen, so kann dieser Nachname innerhalb von drei Monaten nach Begründung der gemeinsamen elterlichen Sorge neu bestimmt werden, soweit die Eltern keinen Ehenamen wählen.

c) Namen des Kindes nach Scheidung der Eltern

Grundsätzlich behält ein Kind nach der Scheidung seiner Eltern den zum Zeitpunkt der Scheidung der Eltern geführten Nachnamen. Hat der alleinsorgeberechtigte Elternteil nach der Scheidung seinen Geburtsnamen oder einen früher geführten Namen wieder angenommen, wird oft das Bedürfnis bestehen, dass auch das Kind diesen Namen trägt. Eine solche Namensangleichung muss die ziemlich hohe Hürde der öffentlich-rechtlichen Namensänderung überwinden (§ 3 NamÄndG). Die Namensänderung muss beim Standesamt beantragt und im Streitfall vor den Verwaltungsgerichten durchgesetzt werden. Die Namensänderung ist laut BVerwG nur möglich, wenn die Namensänderung für das „Kindeswohl erforderlich" ist.

Achtung!
Nicht ausreichend für eine Namensänderung ist z.B. ein ausländisch klingender Name eines deutschen Staatsangehörigen oder die Behauptung, aufgrund des Nachnamens keinen Arbeitsplatz zu erhalten.

2. Namensgebung bei Alleinsorge

Mit Geburt erhält das Kind kraft Gesetzes automatisch den Nachnamen des alleinsorgeberechtigten Elternteils. Dies ist im Zeitpunkt der Geburt des Kindes die nicht verheiratete Mutter. Sie hat jedoch die Möglichkeit, durch Erklärung gegenüber dem örtlich zuständigen Standesbeamten dem Kind den Nachnamen des anderen Elternteils zu erteilen. Die Erteilung bedarf der Einwilligung des anderen Elternteils. Hat das Kind bereits das fünfte Lebensjahr vollendet, so muss es – vertreten durch den sorgeberechtigten Elternteil – der Namenserteilung zustimmen. Die Einwilligungserklärungen müssen öffentlich beglaubigt werden.

3. Einbenennung von Stiefkindern

Ein häufiger Fall ist, dass ein Elternteil mit seinen Kindern eine neue Ehe bzw. eine eingetragene Lebenspartnerschaft eingeht und möchte, dass die Kinder den gleichen Ehe – bzw. Lebenspartner-schaftsnamen haben wie der neue Ehegatte bzw. Lebenspartner und sie selbst. Das Kind kann grundsätzlich den Namen aus der neuen Ehe erhalten oder diesen dem bisherigen Kindesnamen voranstellen oder anfügen, sofern der Elternteil die Alleinsorge inne und das Kind das fünfte Lebensjahr noch nicht vollendet hat. Nach Vollendung des fünften Lebensjahres muss das Kind in die sog. Einbenennung einwilligen. Dies geschieht bis zur Vollendung des 14. Lebensjahres durch die Eltern und danach – mit Zustimmung des gesetzlichen Vertreters – durch das Kind selbst.

Problematisch wird es, wenn dem anderen Elternteil die elterliche Sorge ebenfalls zusteht und dieser seine erforderliche die Zustim-mung zur Einbenennung verweigert. Es gibt hier dann nur die Mög-lichkeit die Ersetzung der Einwilligung in die Einbenennung vor dem Familiengericht zu beantragen. Das Familiengericht wird die Einwilligung des anderen Elternteils nur ersetzen, wenn die Einbe-nennung zum „Wohle des Kindes erforderlich" ist. Das Gericht muss feststellen, dass ohne die Ersetzung konkrete Schäden für das Kind zu befürchten sind. Die Einbenennung in die neue Familie muss im Rahmen einer Gesamtbewertung aller Umstände einen so hohen materiellen und seelischen Nutzen für das Kind versprechen, dass ein verständig sorgender Elternteil auf die Erhaltung der Namens-bande zu dem Kind nicht bestehen würde. Die Einbenennung ist eher der Ausnahmefall und wird in der Praxis von den Gerichten meist abgelehnt.

Abgelehnte Einbenennung:

In folgenden Fällen wurde eine Einbenennung verneint:

- gelegentliche Hänseleien des Kindes mit dem Namen des leib-lichen Vaters,

- Kindsmutter beabsichtigt, alle Brücken hinter sich abzubrechen,

- Namensänderung soll Integration des Kindes in Stieffamilie dokumentieren,

- lästige Nachfragen wegen Verschiedenheit der Familiennamen.

Ersetzung der Einwilligung:

In folgenden Fällen wurde die Einwilligung zur Namensänderung ersetzt:

- Vater hat seit längerem keinen Kontakt zu seinem Kind und wünscht auch keinerlei Umgang,

- 9-jähriges Kind führt seit drei Jahren (unberechtigt) den Namen seine „neuen" Familie und war jedem nur unter diesem Namen bekannt,

- Aufenthaltsort des anderen Elternteils konnte seit längerem nicht ermittelt werden.

Sind die Voraussetzungen für eine Ersetzung der Einwilligung nicht gegeben, wird das Familiengericht als letzte Maßnahme zu prüfen haben, ob durch eine weniger einschneidende Maßnahme dem Kindeswohl Rechnung getragen werden kann. Dies kann, z.B. durch eine einverständliche Bildung eines Doppelnamens erfolgen.

Achtung! **i**
Diese Namensänderung kann nicht mehr rückgängig gemacht werden! Das Kind muss ggf. sein Leben lang mit einem Doppelnamen leben.

4. Name des Kindes nach Anfechtung der Vaterschaft

Eine rechtskräftige Anfechtung der Vaterschaft ändert grundsätzlich nichts am Nachnamen des Kindes. Es führt den Nachnamen des Scheinvaters zunächst weiter. Es kann jedoch beantragt werden, dass das Kind den Namen der Mutter, den sie zum Zeitpunkt seiner Geburt geführt hat, als Geburtsnamen erhält. Vor Vollendung des fünften Lebensjahres des Kindes kann dieser Antrag durch das Kind oder den Scheinvater gestellt werden. Ab Vollendung des fünften Lebensjahres des Kindes kann die Änderung nur auf Antrag des Kindes erfolgen. Der Scheinvater hat kein Antragsrecht mehr. Der Antrag muss in öffentlich beglaubigter Form gegenüber dem örtlich zuständigen Standesamt abgegeben werden. Ab Vollendung des 14. Lebensjahres muss das Kind den Antrag – mit Zustimmung des oder der sorgeberechtigten Eltern – selbst stellen.

5. Vorname des Kindes

Bei gemeinsamer elterlicher Sorge können beide Eltern den Vornamen des Kindes frei bestimmen. Können sie sich diesbezüglich nicht einigen, kann auf Antrag das Familiengericht einem der beiden

Elternteile das Vornamensbestimmungsrecht übertragen. Die Eltern sind bei der Namensgebung weitestgehend frei, jedoch sind gewisse Grenzen zu beachten. Die Zahl der gewählten Vornamen soll grundsätzlich fünf nicht überschreiten. Daneben soll der Name des Kindes, dessen Geschlecht erkennen lassen.

Ausnahme!
Für Jungen kann der weibliche Vorname „Maria" als Zusatzvorname gewählt werden.

Nicht erlaubt sind Vornamen, die ihrem Wesen nach schon keine Vornamen sind (Verunglimpfungen, Fantasienamen oder Namen, die das Kindeswohl beeinträchtigen). Der Vorname soll das Kind nicht der Lächerlichkeit preisgeben.

Unzulässige Vornamen:
Verleihnix, Sputnik, Satan, Bierstüberl, Judas, Kain, Schnucki

Bei alleiniger elterlicher Sorge darf der Elternteil den Vornamen natürlich allein aussuchen, wobei die oben aufgeführten Grenzen auch von diesem zu beachten sind.

VI. Adoption

Durch eine Adoption wird ein rechtliches Eltern-Kind-Verhältnis zwischen dem Annehmenden und dem Kind begründet, ohne Rücksicht auf die biologische Abstammung. Die Erwachsenenadoption erfolgt i.d.R. nur wegen der Verfolgung erbschaftsteuerrechtlicher Interessen. Wegen der abstammungsrechtlichen Folgen wird in diesem Ratgeber lediglich die Minderjährigenadoption dargestellt.

1. Minderjährigenadoption, §§ 1741 ff. BGB

Die Adoption eines Minderjährigen muss zum einem dem Wohl des Kindes dienen und zum anderen muss das Entstehen eines Eltern-Kind-Verhältnisses zwischen Kind und Annehmenden zu erwarten sein.

Von einer Verbesserung des Kindeswohls wird regelmäßig ausgegangen, wenn durch die Adoption eine im Verhältnis zu den bisherigen Lebensbedingungen merklich bessere Entwicklung der Persönlichkeit des Kindes erwartet werden kann. Lediglich materielle Verbesserungen der Lebenslage oder der bloße Umstand, dass sich das Kind bisher in einem Heim befand, reichen dafür nicht. Daneben werden die Lebensverhältnisse des Annehmenden überprüft. Dabei spielen Alter, Erziehungsfähigkeit, Stabilität der Ehe, körperliche oder geistige Erkrankungen etc. eine Rolle.

Achtung!
Die Interessen der eigenen Kinder des Annehmenden spielen nur dann eine Rolle, wenn deren Unterhalt durch die Adoption gefährdet werden würde, z.B. bei drohender Inanspruchnahme von Sozialhilfe.

Von erheblicher Bedeutung für die Eltern-Kind-Beziehung ist der Altersunterschied. Dieser sollte der natürlichen Generationenfolge entsprechen. Ein Altersunterschied von lediglich 11 Jahren bzw. von 40 Jahren kann gegen eine Adoption sprechen.

Wer adoptieren möchte, muss unbeschränkt geschäftsfähig und mindestens 25 Jahre alt sein. Bei Ehepaaren kann einer der Partner dieses Alter unterschreiten, muss jedoch mindestens 21 Jahre alt sein. Ehepaare können grundsätzlich nur gemeinsam ein Kind adoptieren.

Achtung!
Eingetragene Lebenspartner können nicht gemeinsam ein Kind adoptieren!

Im Falle der sog. **Stiefkindadoption** kann ein Ehegatte ein Kind seines Ehegatten adoptieren.

Tipp!
Dasselbe gilt für eingetragene Lebenspartner.

Außerdem kann ein Ehegatte ein vom anderen Ehegatten bereits adoptiertes Kind adoptieren, sog. **Sukzessivadoption**.

Tipp!
Durch eine Entscheidung des BVerfG vom 19.2.2013 (AZ: 1 BvL 1/11 und 1 BvR 3247/09) ist die Sukzessivadoption eingetragenen Lebenspartnern ebenfalls ermöglicht worden.

Bei nichtehelichen Lebensgemeinschaften bzw. nicht eingetragenen Lebenspartnerschaften kann nur einer der Partner nach Vollendung des 25. Lebensjahres, allein ein Kind adoptieren. Auch Alleinstehende können ein Kind adoptieren.

Grundsätzlich müssen beide leiblichen Eltern in die Adoption ihres Kindes einwilligen und zwar auch dann, wenn ihnen kein Sorgerecht zusteht.

Die Notwendigkeit der Einwilligung entfällt, wenn ein Elternteil zur Abgabe der Erklärung dauerhaft nicht in der Lage ist, z.B. weil er nicht geschäftsfähig ist oder wenn sein Aufenthalt dauernd unbekannt ist. Die Einwilligung kann erst erteilt werden, wenn das Kind acht Wochen alt ist. Ein nichtsorgeberechtigter Vater kann seine Einwilligung bereits vor der Geburt des Kindes erteilen.

i **Achtung!**
Besteht keine rechtliche Vaterschaft, gilt der Mann als Vater, der glaubhaft macht, dass er der Mutter in der Empfängniszeit beigewohnt hat.

Zusätzlich ist die Einwilligung des Kindes selbst erforderlich. Bei Kindern, die noch keine 14 Jahre alt sind, wird die Einwilligung durch den gesetzlichen Vertreter erklärt. Nach Vollendung des 14. Lebensjahres kann das Kind nur selbst mit Zustimmung seines gesetzlichen Vertreters einwilligen. Ein an sich sorgeberechtigter Elternteil verliert seine Zustimmungsberechtigung als gesetzlicher Vertreter,

- wenn seine Einwilligung vom Familiengericht ersetzt worden ist,

- sobald er aus eigenem Recht in die Adoption wirksam eingewilligt hat.

Der Ehegatte des Adoptierenden muss ebenfalls in die Adoption einwilligen, wenn der andere Ehegatte ein Kind allein adoptieren will.

 Checkliste: Formerfordernisse für die Einwilligungen in die Adoption
☐ *Die jeweiligen Einwilligungen dürfen nicht unter einer Bedingung oder Zeitbestimmung abgeben werden.*
☐ *Die Einwilligungen müssen notariell beurkundet werden.*

☐ *Die Einwilligungen können nur höchstpersönlich abgegeben werden und sind unwiderruflich.*

☐ *Die Einwilligungen müssen beim Familiengericht mittels einer Ausfertigung der notariellen Urkunde eingereicht werden.*

Checkliste: Erforderliche Unterlagen für das Adoptionsverfahren

Folgende Unterlagen sind im Rahmen eines Adoptionsverfahrens beim Familiengericht einzureichen:

☐ *Geburtsurkunden des Kindes und des Annehmenden*

☐ *Heiratsurkunde der Annehmenden*

☐ *Staatsangehörigkeitsnachweise des Annehmenden und des Kindes*

☐ *polizeiliches Führungszeugnis (auf Anforderung des Familiengerichts)*

☐ *amtsärztliche Zeugnisse des Annehmenden und des Kindes (auf Anforderung des Familiengerichts)*

Verweigert ein Elternteil seine Zustimmung, so kann das Familiengericht auch gegen den Willen dieses Elternteils diese ersetzen. Hieran werden jedoch hohe Anforderungen gestellt. Das Gesetz unterscheidet dabei fünf Fallgruppen:

▪ **anhaltende gröbliche Pflichtverletzung:** Eine anhaltende gröbliche Pflichtverletzung kann, z.B. vorliegen, wenn ein Elternteil einen lockeren Lebenswandel mit übermäßigem Alkoholgenuss hat oder sich überhaupt nicht um das Kind kümmert und dieses sich selbst überlässt. Eine anhaltende gröbliche Pflichtverletzung rechtfertigt die Ersetzung der Einwilligung eines Elternteils jedoch nur dann, wenn das Unterbleiben der Adoption dem Kind zu unverhältnismäßigem Nachteil gereichen würde.

▪ **besonders schwere Pflichtverletzung:** Liegt keine anhaltende, aber eine besonders schwere Pflichtverletzung vor und kann das Kind voraussichtlich dauernd nicht mehr der Obhut des Elternteils anvertraut werden, kann die Einwilligung ersetzt werden. Eine besonders schwere Pflichtverletzung ist bei Straftaten gegen das Kind anzunehmen.

- **Gleichgültigkeit:** Gleichgültigkeit gegenüber dem Kind liegt vor, wenn die Eltern gegenüber dem Kind völlig desinteressiert sind. Geben die Eltern dem Kind keine Zuwendung und nehmen sie nicht an seinem Leben teil, ist hieraus Gleichgültigkeit abzuleiten. Die Ersetzung der Einwilligung in diesen Fällen ist jedoch nur gerechtfertigt, wenn durch das Unterbleiben der Adoption für das Kind ein unverhältnismäßiger Nachteil entstehen würde. Darüber hinaus sollen die Eltern zunächst die Möglichkeit bekommen, ihr Verhalten zu ändern und eine echte Eltern-Kind-Beziehung herzustellen. Hierzu soll das Jugendamt die Eltern belehren und beraten. Die Beratung durch das Jugendamt kann unterbleiben, wenn das Jugendamt diese für vollkommen aussichtslos hält. Die Belehrung hingegen ist zwingend, ebenso das Abwarten einer Frist von drei Monaten nach der Belehrung.

- **schwere psychische Störung:** Die Ersetzung der Einwilligung kommt zudem in Betracht, wenn ein Elternteil an einer besonders schweren psychischen Krankheit oder einer besonders schweren geistigen oder seelischen Behinderung leidet und deswegen zur Pflege und Erziehung des Kindes dauerhaft nicht in der Lage ist und wenn das Kind bei Unterbleiben der Annahme nicht in einer Familie aufwachsen könnte und dadurch in seiner Entwicklung schwer gefährdet wäre.

- **Ersetzung der Einwilligung des nichtsorgeberechtigten nichtehelichen Vaters:** Steht der Mutter des Kindes das Sorgerecht allein zu, kann die Zustimmung des Vaters zur Adoption ersetzt werden, wenn dem Kind durch das Unterbleiben der Adoption ein unverhältnismäßiger Nachteil droht. Das Unterbleiben der Adoption stellt dabei nur dann einen unverhältnismäßigen Nachteil für das Kind dar, wenn sie dem Kind so einen erheblichen Vorteil bieten würde, dass ein an sich verständiger um sein Kind sorgender Elternteil nicht auf die Einhaltung der Familienbande bestehen würde.

Unverhältnismäßiger Nachteil:

Hat der nichteheliche Vater kein reales Interesse an seinem Kind gezeigt, verweigert er zudem die Unterhaltszahlungen und ist das Kind voll in eine neue Familie integriert und betrachtet den Partner seiner Mutter als Vater, wird die Einwilligung ersetzt.

44

Achtung!

Beantragt der Vater, dass ihm das alleinige Sorgerecht übertragen wird, hat das Familiengericht darüber vorrangig, daher vor Ersetzung der Einwilligung, zu entscheiden. Hat der Sorgerechtsantrag des Vaters Erfolg, ist der Weg über die Adoption endgültig gesperrt.

2. Wirkungen der Adoption

Haben beide Eltern in die Adoption eingewilligt, ruht deren elterliche Sorge. Das Jugendamt wird sodann als Vormund des Kindes bestimmt, daher als sein gesetzlicher Vertreter.

Merke!

Ab Einwilligung ruht auch die Unterhaltsverpflichtung der Eltern. Das Umgangsrecht darf auch nicht mehr ausgeübt werden.

Mit Ausspruch der Adoption durch das Familiengericht erlangt das minderjährige Kind die Stellung eines leiblichen Kindes des/der Annehmenden. Damit verändern sich grundsätzlich die verwandtschaftlichen Verhältnisse des Kindes. Mit der Adoption erlöschen die Verwandtschaftsverhältnisse des Kindes (und seiner Abkömmlinge) sowie die sich daraus ergebenden Rechte und Pflichten zu seiner Ursprungsfamilie. Das Kind hat somit keine Erb- oder Unterhaltsansprüche mehr gegen seine leiblichen Eltern.

Grundsätzlich erhält das adoptierte Kind den Familiennamen seiner Adoptiveltern. Besitzt ein Elternteil die deutsche Staatsbürgerschaft, so erwirbt ein Kind ausländischer Herkunft, auch die deutsche Staatsbürgerschaft.

Achtung!

Nach der Adoption wird beim Standesamt eine Geburtsurkunde auf den Adoptivnamen des Kindes ausgestellt. Aus der Geburtsurkunde geht die Adoption nicht hervor. Die familiäre Herkunft des Kindes ergibt sich aus einem getrennt geführten Abstammungsbuch.

Ab Vollendung des 16. Lebensjahres kann das adoptierte Kind Einsicht in die Gerichtsakte und in das Abstammungsbuch erhalten.

Eine Adoption kann nur unter wenigen, gesetzlichen Voraussetzungen rückgängig gemacht werden. Die Minderjährigenadoption kann aufgehoben werden, wenn wesentliche Erklärungen der Beteiligten fehlen oder wenn das adoptierte Kind den Annehmenden oder dessen Abkömmliche (widerrechtlich) ehelicht. Am bedeutsamsten ist aber die Aufhebung der Adoption aus schwerwiegenden Gründen in Bezug auf das Kindeswohl.

Schwerwiegende Gründe:

Misshandlungen des Kindes durch die Adoptiveltern rechtfertigen eine Aufhebung der Adoption.

2. Kapitel

Elterliche Sorge

2

I. Umfang des Sorgerechts – Rechte und Pflichten der Eltern

Die elterliche Sorge meint die Gesamtheit der Rechtsbeziehungen zwischen Eltern und ihren minderjährigen Kindern. Die elterliche Sorge wird in den §§ 1626 ff. BGB geregelt und ist Ausfluss des verfassungsrechtlich garantierten und geschützten Elternrechts nach Art. 6 Abs. 2 S. 1 GG. Nach § 1626 BGB haben Eltern die Pflicht und das Recht, für das minderjährige Kind zu sorgen. Die elterliche Sorge beginnt mit der Geburt des Kindes und endet mit dessen Volljährigkeit oder Tod. Die elterliche Sorge endet auch, wenn das minderjährige Kind adoptiert wird, einem Elternteil das Sorgerecht entzogen bzw. auf den anderen Elternteil übertragen wird. Die elterliche Sorge umfasst dabei die Sorge für die Person des Kindes, sog. **Personensorge** und das Vermögen des Kindes, sog. **Vermögenssorge.**

1. Begriff der Personensorge

Die Personensorge umfasst die tatsächliche Betreuung des Kindes, insbesondere die Pflege, Beaufsichtigung und Erziehung des Kindes sowie das Recht, seinen Aufenthalt zu bestimmen, (§ 1631 BGB). Von der Personensorge umfasst sind daher auch die Wahl, auf welche Schule das Kind geht und welche Ausbildung das Kind absolvieren und welchen Beruf es ergreifen soll, weiter die ärztliche Betreuung und Bestimmung der Freizeit des Kindes sowie dessen religiöse Erziehung.

47

i Achtung!

Mit Erreichen des 12. Lebensjahres kann das Kind nicht mehr gegen seinen Willen in einem anderen Glauben als bisher erzogen werden. Mit Erreichen des 14. Lebensjahres darf das Kind selbst entscheiden, an welches religiöse Bekenntnis es festhalten will oder nicht.

Die Eltern können grundsätzlich frei bestimmen, wie sie ihr Kind erziehen wollen. Allerdings ist bei der Erziehung des Kindes streng das Recht des Kindes auf gewaltfreie Erziehung zu beachten. Körperliche Bestrafungen, seelische Misshandlungen und andere entwürdigende Maßnahmen verbietet der Gesetzgeber.

§ Körperliche Bestrafung:

Als körperliche Bestrafung gelten Schläge mit und ohne Schlaggegenstände, Prügel, Zupacken sowie die leichte Ohrfeige und der leichte Klaps auf das Hinterteil bzw. auf Hände und Unterarme.

i Achtung!

Verstöße gegen die gewaltfreie Erziehung können strafrechtliche Konsequenzen für die Eltern haben und u.U. den Entzug des Sorgerechts nach sich ziehen!

Bezogen auf die Schul- und Ausbildung ist bei der Erziehung auf die Neigung und auf die Fähigkeit des Kindes Rücksicht zu nehmen. Unter Ausbildung ist nicht nur die reine Schul- oder Berufsausbildung zu verstehen, sondern auch die Förderung sonstiger Fähigkeiten des Kindes durch, z.B. Sport-, Musik-, Sprachunterricht etc.

Durch die Beaufsichtigungspflicht soll nicht nur das Kind vor Gefahren und Schäden beschützt und bewahrt werden, sondern auch Dritte vor Schäden die durch das Kind verursacht werden. Jeder Elternteil muss seiner Beaufsichtigungspflicht nachkommen, auch wenn zwischen den Eltern diesbezüglich eine Aufgabenverteilung vorliegt. Der eine muss den anderen überwachen. Der Umfang der Aufsichtspflicht hängt vom Kind und dem bisherigen Erziehungserfolg ab. Zeigt das Kind, z.B. Neigungen unachtsam mit fremden Gegenständen umzugehen, darf es nicht über einen längeren Zeitraum unbeaufsichtigt gelassen werden.

Nicht nur die Eltern treffen Pflichten. Kinder sind gegenüber ihren Eltern zum gegenseitigen Beistand und zur Rücksicht verpflichtet (§ 1618 BGB). Solange das Kind im elterlichen Haushalt wohnt und von den Eltern unterhalten und erzogen wird, ist es verpflichtet, im Haushalt oder Geschäft der Eltern auszuhelfen.

a) Aufenthaltsbestimmungsrecht

Dieser Teilbereich der Personensorge ist tangiert, wenn sich Eltern, die gemeinsam das Sorgerecht ausüben, nicht einigen können, bei wem das Kind leben soll, also wo sich der Lebensmittelpunkt des Kindes befindet. Können sich die Eltern nicht einigen, bei wem das Kind leben soll, muss das Familiengericht darüber entscheiden. Möchte ein Elternteil mit den Kindern in eine andere Stadt ziehen, so ist im Voraus die Einwilligung des anderen Elternteils einzuholen. Das Einverständnis sollte schriftlich erfolgen, um einen Nachweis in den Händen zu halten. So kann der „verbleibende" Elternteil später sich nicht darauf berufen, dass er mit einem Umzug nicht einverstanden war.

Achtung! **i**

Ein Umzug ohne ausdrückliche Zustimmung des anderen Elternteils, kann weit reichende Konsequenzen nach sich ziehen. Zum einen kann der andere Elternteil bei der Polizei Strafanzeige bzw. Strafantrag wegen Kindesentführung bzw. Kindesentziehung stellen. Zum anderen kann die Situation dahingehend ausgenutzt werden, dass der andere Elternteil in der bisherigen Heimatstadt einen eigenen Sorgerechtsantrag bei Gericht stellt, um das Kind zurück zu holen.

b) Herausgabe des Kindes

Die Personensorge umfasst auch das Recht, die Herausgabe des Kindes vom jedem zu verlangen, der es dem oder den sorgeberechtigten Elternteilen widerrechtlich vorenthält (§ 1632 Abs. 2 BGB). Das ist regelmäßig dann der Fall, wenn eine Person das Kind ohne rechtfertigenden Grund in seiner unmittelbaren oder mittelbaren Gewalt hat und die Wiedererlangung durch den Berechtigten verhindert.

Widerrechtliches Vorenthalten:

Der nichtsorgeberechtigte Vater weigert sich nach einem Umgangswochenende das Kind zur Mutter zurück zu bringen. Er hat das Kind während des Umgangswochenendes dahingehend nachhaltig beeinflusst, so dass das Kind nicht zur Mutter zurück möchte.

Bei gemeinsamer elterlicher Sorge müssen beide Eltern den Herausgabeanspruch geltend machen. Das Herausgabeverlangen muss mit dem Kindeswohl vereinbar sein.

c) Beschneidung des männlichen Kindes

Das Landgericht Köln hatte im Jahr 2012 die fachkundige Beschneidung eines männlichen Kleinkindes, als Körperverletzung durch den Arzt gewertet, obwohl die Eltern die Beschneidung gewünscht hatten. Der Arzt wurde jedoch freigesprochen, da er angesichts der damals unklaren Rechtslage einem unvermeidbaren Verbotsirrtum unterlag. Vor diesem Hintergrund wurde durch das „Gesetz über den Umfang der Personensorge bei einer Beschneidung des männlichen Kindes", welches am 28.12.2012 in Kraft getreten ist, nunmehr klargestellt, dass die Personensorge der Eltern grundsätzlich auch das Recht umfasst, unter bestimmten gesetzlichen Voraussetzungen (§ 1631d BGB) in eine nicht medizinisch angezeigte Beschneidung des nicht einsichts- und urteilsfähigen männlichen Kindes einzuwilligen. Auf die Motivation der Eltern kommt es nicht an.

i Merke!

Diese Vorschrift umfasst nur medizinisch nicht angezeigte Beschneidungen. Aus medizinischer Sicht erforderliche Beschneidungen, z.B. bei einer Phimose, sind ohnehin vom elterlichen Sorgerecht umfasst.

Bei einem einsichts- und urteilsfähigen Kind, welches sich gegen die Beschneidung ausspricht, ist eine Einwilligung der Eltern denknotwendig nicht möglich. Es gibt keine starre Altersgrenze, ab der ein Kind als einsichts- und urteilsfähig gilt. Arzt und Sorgeberechtigte müssen sich im Einzelfall ein Bild von der Einsichts- und Urteilsfähigkeit des Kindes machen. Weitere Voraussetzung ist, dass die Beschneidung nach den Regeln der ärztlichen Kunst erfolgen muss. Lediglich in den ersten sechs Monaten nach der Geburt eines Kindes dürfen auch von einer Religionsgemeinschaft dafür vorgesehenen Personen Beschneidungen durchführen. Sie müssen dafür besonders ausgebildet sein.

Die Einwilligung der Sorgeberechtigten in die Beschneidung ist dann unwirksam, wenn diese das Kindeswohl gefährdet.

2. Begriff der Vermögenssorge

Die **Vermögenssorge** umfasst alle tatsächlichen und rechtlichen Maßnahmen die darauf gerichtet sind, das Vermögen des Kindes zu erhalten, zu verwerten sowie zu vermehren. Zum Kindesvermögen gehören, z.B. Immobilien, Kontoguthaben, Wertpapiere sowie hieraus erzielte Einkünfte, beispielsweise Zinsen.

Die Verwaltung des Vermögens des Kindes hat unentgeltlich zu erfolgen. Das bedeutet, dass die Eltern sich für die Vermögensverwaltung keine Vergütung aus dem Vermögen des Kindes ausbezahlen dürfen. Etwas anderes gilt nur für **Aufwendungen**, die bei der Ausübung der Personen- oder Vermögenssorge entstehen.

Aufwendungen:
Fahrt zu einem berühmten Facharzt bei schwerer Erkrankung des Kindes. Nicht zu den erstattungsfähigen Aufwendungen gehören Aufwendungen, die ihrer Art nach als Unterhaltsleistungen zu sehen sind. Hierzu zählt, z.B. die Miete für das Familienheim, da die Stellung von Wohnraum zur Unterhaltsverpflichtung der Eltern gehört.

Der Sorgerechtsinhaber muss das Kindsvermögen wirtschaftlich anlegen, daher verzinslich. Müssen jedoch gewisse Kosten des Kindes, beispielsweise Versicherungen, Reparaturen etc. gedeckt werden, so dürfen Eltern diese jederzeit aus dem Vermögen des Kindes begleichen. Die Entstehung von Schulden ist soweit wie möglich zu verhindern.

Achtung! **i**
Die Vermögensverwaltung erstreckt sich nicht auf Vermögenswerte, die dem Kind von Todes wegen oder unentgeltlich unter Lebenden zugewendet werden, wenn der Zuwendende dies ausschließt.

Den oder die Sorgerechtsinhaber trifft zudem die Verpflichtung, über ein Vermögen, welches das Kind erbt, in einem sog. **Vermögensverzeichnis** festzuhalten und beim Familiengericht einzureichen (§ 1640 BGB). Dasselbe gilt, wenn das Kind Vermögen anlässlich eines Sterbefalles, durch Schenkung oder Zahlung einer Unterhaltsabfindung erwirbt.

Vermögenserwerb anlässlich eines Sterbefalls:
Als der Großvater verstirbt, erhält das Kind € 120.000 aus einer Lebensversicherung des Großvaters.

Bei Haushaltsgegenständen genügt die Angabe des Gesamtwertes. Die Verpflichtung zur Inventarisierung entfällt, wenn das erworbene Vermögen € 15.000 nicht übersteigt oder der Erblasser oder Schenker die Befreiung von dieser Pflicht anordnet. Die Inventarisierungspflicht soll zum einen den Eltern vor Augen führen, welches Vermögen das Kind erworben hat und zum anderen soll ein Beweis dafür geschaffen werden, welche Vermögenswerte zum Vermögen des Kindes gehören.

i Merke!
Die Pflicht zur Errichtung eines Vermögensverzeichnisses entsteht automatisch im Zeitpunkt des Vermögensanfalls. Eine gerichtliche Aufforderung ist daher nicht erforderlich!

Hat ein Kind geerbt, erfährt das Familiengericht hiervon durch eine Benachrichtigung des Nachlassgerichtes. Verstirbt ein Elternteil wird das Familiengericht durch das Standesamt über den Todesfall informiert. In diesen Fällen fordert das Familiengericht zur Erstellung des Vermögensverzeichnisses auf. Die Inhaber der elterlichen Sorge haben die Richtigkeit und Vollständigkeit des Vermögensverzeichnisses zu versichern. Das Vermögensverzeichnis muss schriftlich oder durch Erklärung zu Protokoll des Familiengerichts eingereicht werden. Belege müssen dem Vermögensverzeichnis nicht beigefügt werden. Reichen die Eltern das Verzeichnis nicht ein bzw. ist es unrichtig oder unvollständig, so kann das Familiengericht anordnen, dass das Verzeichnis durch eine dafür zuständige Behörde oder einen dafür zuständigen Beamten oder durch einen Notar aufgenommen wird. Das Familiengericht wird aber zunächst den Eltern die Möglichkeit geben, innerhalb einer Frist die Mängel am Verzeichnis zu beheben.

Die Eltern unterliegen auch einem gesetzlichen **Schenkungsverbot** (§ 1641 BGB). Schenkungen aus dem Kindesvermögen sind nicht gestattet, außer es handelt sich um sog. **Pflicht- oder Anstandsschenkungen.**

Pflichtschenkung:

Eine Pflichtschenkung liegt beispielsweise vor, wenn nahe Verwandte (z.B. Geschwister des Kindes) unterstützt werden, obwohl keine rechtliche Verpflichtung hierzu besteht.

Anstandsschenkung:

Anstandsschenkungen sind regelmäßige, kleinere Zuwendungen, die zu besonderen Anlässen erfolgen, wie z.B. Geburtstags-, Weihnachts- oder Hochzeitsgeschenke.

Achtung!

Pflicht- und Anstandsschenkungen unterliegen unter bestimmten Voraussetzungen der familiengerichtlichen Genehmigung.

Eine aus dem Kindesvermögen vorgenommene Schenkung ist nichtig und kann nicht durch Genehmigung durch das volljährige gewordene Kind oder Genehmigung des Familiengerichts wirksam werden.

Einkünfte des Kindes können für dessen Unterhalt verwendet werden, soweit sie nicht zur ordnungsgemäßen Verwaltung benötigt werden.

Entfallen des Kindesunterhaltsanspruchs:

Aufgrund einer Erbschaft hat das minderjährige Kind Zinseinkünfte aus einem Aktiendepot von € 800 monatlich. Nach Abzug der Depot- und Verwaltungskosten sowie der Abgeltungssteuer verbleibt noch ein erheblicher Betrag, der für den Unterhalt des Kindes verwendet werden kann.

Leben die Eltern und Geschwister des „vermögenden" Kindes in beschränkten wirtschaftlichen Verhältnissen und wird das Vermögen des Kindes weder zur ordnungsgemäßen Verwaltung noch für den Unterhalt des Kindes benötigt, können die Eltern die Einkünfte aus dem Vermögen des Kindes für ihren eigenen und für den Unterhalt der unverheirateten, minderjährigen Geschwister des Kindes verwenden, soweit dies der Billigkeit entspricht.

Verletzen Eltern ihre Pflicht, Vermögen des Kindes nach den Grundsätzen einer wirtschaftlichen Vermögensverwaltung anzulegen, machen sie sich u.U. gegenüber dem Kind schadensersatzpflichtig. Eine Verletzung kann beispielsweise in der Abhebung größerer Geldmengen vom Konto des Kindes zur eigennützigen Verwendung der Eltern vorliegen. Die Eltern sind verpflichtet, die entwendeten Beträge wieder dem Kindesvermögen zuzuführen.

Endet oder ruht die elterliche Sorge der Eltern oder hört die Vermögenssorge aus einem anderen Grund auf, so ist das Vermögen an das Kind herauszugeben und auf Verlangen Rechenschaft über dessen Verwaltung abzulegen.

i

Achtung!
Verstöße gegen die Vermögenssorge können den Entzug dieses Teils der elterlichen Sorge nach sich ziehen!

3. Vertretung des Kindes

Das Sorgerecht umfasst auch die rechtsgeschäftliche Vertretung des Kindes nach außen. Vertretungsmacht steht, sofern beide Eltern Sorgerechtsinhaber sind, beiden gemeinsam, andernfalls nur dem alleinsorgeberechtigten Elternteil zu. Das Vertretungsrecht beinhaltet die Prozessführung für die Kinder und die Wahrung der Rechte der Kinder. Die Notwendigkeit des Vertretungsrechts ergibt sich daraus, dass Kinder bis zur Vollendung des siebten Lebensjahres nicht geschäftsfähig und danach bis zum Eintritt der Volljährigkeit nur beschränkt geschäftsfähig sind. Geschäftsunfähige können keine Rechtsgeschäfte wirksam tätigen, beispielsweise Verträge abschließen, beschränkt Geschäftsfähige hingegen schon. Sofern das Rechtsgeschäft jedoch nicht nur rechtliche Vorteile mit sich bringt, muss der gesetzliche Vertreter des Kindes hierzu seine Einwilligung erteilen.

Einwilligungsbedürftiges Rechtsgeschäft:
Das minderjährige Kind will eine Ausbildung beginnen. Der Ausbildungsvertrag bedarf der Einwilligung der rechtlichen Vertreter des Kindes, da dieser nicht nur Vorteile (Ausbildungsvergütung) sondern auch rechtliche Pflichten mit sich bringt.

54

Kauft das Kind mit seinem Taschengeld, beispielsweise eine Kinderzeitschrift, so bedarf dieser Kaufvertrag nicht der Zustimmung der Eltern.

a) Sonderfall: Notvertretungsrecht

Das Notvertretungsrecht setzt voraus, dass dem Kind erhebliche (insbesondere gesundheitliche) Nachteile drohen und dass die Zustimmung des anderen Elternteils nicht erlangt werden kann. In diesen Fällen kann auf die Einholung der Zustimmung des anderen Elternteils verzichtet werden. Der andere Elternteil ist aber unverzüglich zu unterrichten. Durch das Notvertretungsrecht darf das Entscheidungsrecht des anderen Elternteiles nicht umgangen werden.

Merke!
Auch der nichtsorgeberechtigte Elternteil hat ein Notvertretungsrecht!

Notvertretungsrecht des nichtsorgeberechtigen Elternteils:
Der nichtsorgeberechtigte Vater übt an jedem zweiten Wochenende sein Umgangsrecht mit seinem Kind aus. An einem dieser Wochenenden verletzt sich das Kind K beim Spielen auf dem Spielplatz schwer und muss dringend notoperiert werden. Die alleinsorgeberechtigte Mutter befindet sich an diesem Wochenende im Ausland und ist nicht zu erreichen. Der nichtsorgeberechtigte Vater kann in diese Operation einwilligen.

b) Einschränkung oder Ausschluss des Vertretungsrechts

Das Vertretungsrecht der Eltern ist in folgenden Fällen eingeschränkt oder ausgeschlossen:

- Einschränkung der elterlichen Sorge durch Pflegerbestellung: Das Gesetz sieht bestimmte Fallkonstellationen vor, in denen die elterliche Sorge nicht durch die Eltern ausgeübt werden kann, sodass ein sog. **Ergänzungspfleger** bestellt werden muss.

  – Bei einer **Interessenkollision** sieht das Gesetz in bestimmten Fällen den Ausschluss der Vertretungsmacht und die Erforderlichkeit einer Pflegerbestellung vor. Interessenkollision liegt beispielsweise vor, wenn ein Rechtsgeschäft zwischen dem Kind und dem Ehegatten/eingetragenen Lebenspartner bzw. einem Verwandten des vertretungsberechtigten Elternteils in gerader Linie (Kinder, Enkelkinder, Großeltern und Eltern) abgeschlossen werden soll.

Interessenkollision:

Der Minderjährige ist Alleingesellschafter einer GmbH. Sein alleinsorgeberechtigter Vater möchte seine Mutter, daher die Großmutter des Minderjährigen, zur Geschäftsführerin bestellen. Hierfür muss ein Ergänzungspfleger eingesetzt werden, da der Vater den Minderjährigen in diesem Fall nicht vertreten darf.

– Bei Rechtsstreitigkeiten zwischen den oben genannten Personen gilt dasselbe.

▪ Mit Vollendung des 14. Lebensjahres darf das Kind frei wählen, welcher Religion es folgen möchte.

▪ Mit Vollendung des 16. Lebensjahres kann das Kind ein Testament errichten, ohne dass es hierfür der Zustimmung seines gesetzlichen Vertreters bedarf.

i Achtung!

Der Minderjährige kann jedoch nur ein notarielles Testament errichten!

▪ Wurde dem Minderjährigen durch seinen gesetzlichen Vertreter – mit Genehmigung des Familiengerichts – der selbständige Betrieb einer Erwerbsgeschäfts erlaubt, so gilt der Minderjährige für alle mit seinem Betrieb im Zusammenhang stehende Rechtsgeschäfte, als unbeschränkt geschäftsfähig.

▪ Dasselbe gilt, wenn dem Minderjährigen gestattet wurde, in ein Dienst- oder Arbeitsverhältnis einzutreten. Die unbeschränkte Geschäftsfähigkeit bezieht sich dann auf solche Rechtsgeschäfte, die die Begründung, Erfüllung oder Aufhebung eines Dienst- oder Arbeitsverhältnisses betreffen.

i Achtung!

In den beiden oben genannten Fällen sind diejenigen Verträge ausgeschlossen, zu deren Abschluss die gesetzlichen Vertreter die Genehmigung des Familiengerichts einholen müssen.

- Minderjährige Eltern können ihr Kind nicht wirksam vertreten. Die Vertretung erfolgt durch einen Vormund. Bei Meinungsverschiedenheiten zwischen minderjährigen Eltern und Vormund geht die Meinung der Eltern vor.

Merke!   **i**

Ist ein Elternteil volljährig und der andere Elternteil minderjährig, hat der Volljährige das Sorgerecht.

- Bei bestimmten dinglich (Hypothek, Grundschuld) oder schuldrechtlich (Bürgschaft) gesicherten Forderungen des Kindes gegenüber seinen Eltern, sind die Eltern von der Vertretung des Kindes bei Rechtsgeschäften, die diese Forderung gefährden, ausgeschlossen.

- Eltern können nicht im Namen des Kindes mit sich selbst im eigenen Namen ein Rechtsgeschäft, ein sog. **Insichgeschäft**, tätigen. Das Gesetz geht davon aus, dass die Eltern nicht in jedem Fall ihre eigenen und die Interessen des Kindes gleichzeitig ordnungsgemäß wahrnehmen können. Hiervon gibt es jedoch eine Ausnahme:

  – Verschafft das Rechtsgeschäft dem Minderjährigen einen lediglich rechtlichen Vorteil, darf das Rechtsgeschäft durch den gesetzlichen Vertreter vorgenommen werden. Sobald eine Gegenleistung vereinbart werden soll, muss ein Ergänzungspfleger bestellt werden.

Lediglich rechtlicher Vorteil:

Die Eltern schenken ihrem Kind eine bereits abbezahlte Immobilie. Dieses Rechtsgeschäft bringt dem Kind nur Vorteile, da keine Pflichten gegenüberstehen. Behalten sich die Eltern an der Wohnung ein Wohn- oder Nießbrauchsrecht vor, handelt es sich trotzdem um ein lediglich rechtlich vorteilhaftes Geschäft, da es sich nicht um eine Gegenleistung, sondern um eine Auflage handelt, die nichts am Charakter der Schenkung ändert.

4. Familiengerichtliche Genehmigungen

Für bestimmte bedeutsame Rechtsgeschäfte sieht das Gesetz (§ 1643 BGB) das Erfordernis einer zusätzlichen Genehmigung durch das Familiengericht vor. Dies dient dem Schutz der Vermögensinteressen des Kindes und schränkt damit die Vertretungsmacht der Eltern ein. Im Folgenden werden die einzelnen Tatbestände dargestellt:

a) Grundstücksgeschäfte

Wollen Eltern ein Grundstück des Kindes verkaufen oder beispielsweise mit einer Grundschuld belasten, muss hierzu vorab die familiengerichtliche Genehmigung eingeholt werden. Dasselbe gilt für ein eingetragenes Schiff oder Schiffsbauwerk, für Wohnungseigentum und für Grundstücksanteile. Genehmigungsbedürftig ist darüber hinaus der Verzicht des Kindes auf bestimmte Rechte an einem Grundstück, z.B. das dem Kind zustehende Nießbrauchsrecht an einem Grundstück. Die Genehmigungsbedürftigkeit entfällt jedoch, wenn die Eltern als gesetzliche Vertreter des Kindes ein Grundstück erwerben und dieses gleichzeitig mit einem Grundpfandrecht (Hypothek, Grundschuld, Rentenschuld) belasten, so ist die Bestellung des Grundpfandrechts nicht genehmigungsbedürftig. Hintergrund ist, dass nur bereits vorhandenes Grundvermögen des Kindes geschützt ist.

Genehmigungsbedürftig ist auch die Verfügung – etwa Abtretung oder Verzicht – über eine Forderung, die auf den Erwerb eines Grundstücks oder Grundstücksrechts gerichtet ist.

Beispiel:
Der Verzicht auf eine Vormerkung auf Eigentumsübertragung muss genehmigt werden.

Genehmigungsbedürftig sind auch Geschäfte, die zu einer der oben genannten Verfügungen verpflichten.

Beispiel:
Der Kaufvertrag über ein Grundstück ist ein solcher Verpflichtungsvertrag.

Verträge, die auf den Erwerb eines Grundstücks- oder Grundstücksrechts (bzw. Schiffs- oder Schiffsbauwerks) gerichtet sind – wie Kauf, Tausch, Vor- oder Widerkauf – sind dann genehmigungspflichtig, wenn sie entgeltlich sind, daher eine Gegenleistung erfordern. Hiervon ausgenommen sind Schenkungen.

58

b) Geschäfte über Gesamtvermögen, Erbschaft, Erb- und Pflichtteil

Wollen Eltern ein Rechtsgeschäft eingehen, durch welches das Kind verpflichtet wird, über sein ganzes Vermögen – nicht erfasst werden Verfügungen über einzelne Gegenstände –, eine ihm angefallene Erbschaft, einen zukünftigen Erb- oder Pflichtteil oder seinen Anteil an einer Erbschaft zu verfügen, ist genehmigungsbedürftig.

Geschäfte über Gesamtvermögen, Erbschaft, Erb- und Pflichtteil:
Genehmigungsbedürftig sind das einvernehmliche Ausscheiden aus einer Erbengemeinschaft (sog. Abschichtung) sowie die Erklärung eines Erb- und Pflichtteilsverzichts.

c) Erbausschlagung, Ausschlagung eines Vermächtnisses, Pflichtteilsverzicht, Erbteilungsvertrag

Die für das Kind erklärte Ausschlagung einer Erbschaft bzw. eines Vermächtnisses sowie der Verzicht auf einen angefallenen Pflichtteil bedürfen ebenfalls der familiengerichtlichen Genehmigung.

Tipp!
Nicht genehmigungsbedürftig sind die Annahme der Erbschaft oder eines Vermächtnisses.

Eine Ausnahme von der grundsätzlichen Genehmigungsbedürftigkeit der Ausschlagung einer Erbschaft sieht das Gesetz in § 1643 Abs. 2 BGB vor. Danach entfällt die Genehmigungsbedürftigkeit einer Ausschlagungserklärung, wenn der Anfall der Erbschaft an das Kind erst infolge der Ausschlagung durch einen Elternteil, der das Kind allein oder gemeinsam mit dem anderen Elternteil vertritt, eintritt. Es wird unterstellt, dass der vertretungsberechtigte Elternteil nur dann ausschlägt, wenn ihm die Erbschaft keine Vorteile, sondern nur Nachteile bringt.

War der (mit-)sorgeberechtigte Elternteil allerdings neben dem Kind als Erbe berufen, verbleibt es beim Genehmigungserfordernis.

Erforderlichkeit des Genehmigungserfordernisses:

Der Großvater setzte seinen Sohn und dessen Tochter per Testament als Erben ein. Nach dem Tod des Großvaters schlägt der Sohn das Erbe aus, da der Nachlass überschuldet ist. Der Sohn möchte aus diesem Grund auch für seine Tochter ausschlagen. Hierfür benötigt er die Genehmigung des Familiengerichts.

d) Kind als Gesellschafter/Unternehmer

Für einen Vertrag, der auf den entgeltlichen Erwerb oder die Veräußerung eines Erwerbsgeschäfts gerichtet ist, sowie zu einem Gesellschaftsvertrag, der zum Betrieb eines Erwerbsgeschäfts eingegangen wird, ist die Genehmigung des Familiengerichts einzuholen.

Erwerbsgeschäft:

Darunter versteht man jede berufsmäßig ausgeübte und auf einen selbständigen Erwerb ausgerichtete Tätigkeit. Die Rechtsform des Erwerbsgeschäfts ist gleichgültig.

Der Abschluss eines Gesellschaftsvertrages oder der Eintritt in eine bestehende Gesellschaft ist ebenfalls genehmigungsbedürftig.

e) Miete, Pacht, wiederkehrende Leistungen

Der Abschluss von Miet- und Pachtverträgen oder von Verträgen, die das Kind zu wiederkehrenden Leistungen verpflichten, wenn das Vertragsverhältnis länger als ein Jahr über die Volljährigkeit hinaus reicht, muss genehmigt werden. Bei Miet- oder Pachtverträgen ist es unerheblich, ob das Kind Mieter/Pächter oder Vermieter/Verpächter ist.

Verträge mit Verpflichtung zu wiederkehrenden Leistungen:

Darunter fallen Verträge zum Abschluss einer Kapitallebensversicherung, Finanzierungsgeschäfte in Form des Abzahlungskaufs oder die ratenweise Tilgung eines Darlehens.

Der Abschluss von Arbeit- oder Dienstverträgen, etwa ein Lehrvertrag, muss vom Familiengericht nicht genehmigt werden.

f) Sonstige genehmigungsbedürftige Rechtsgeschäfte

Folgende Rechtsgeschäfte sind ebenfalls genehmigungsbedürftig:

- Jede Aufnahme eines Kredits im Namen des Kindes.

- Die Eingehung von Verbindlichkeiten aus einem Wechsel, einem anderen Papier, das durch Indossament übertragen werden kann, sowie die Ausstellung einer Schuldverschreibung auf den Inhaber.

- Die Übernahme einer fremden Verbindlichkeit, insbesondere zur Eingehung einer Bürgschaft.

- Die Erteilung einer Prokura.

- Die freiheitsentziehende Unterbringung des Kindes, z.B. in einem psychiatrischen Krankenhaus.

Achtung! **i**

Grundsätzlich muss die Genehmigung vor der Unterbringung eingeholt werden, es sei denn, die vom Kind ausgehende Eigen- oder Fremdgefährdung duldet keinen Aufschub. Die Genehmigung ist in solchen Fällen unverzüglich nachzuholen.

- Die Überlassung von Gegenständen, welche die Eltern nur mit Genehmigung des Familiengerichts veräußern dürfen, an das Kind zu dessen freien Verfügung oder zur Erfüllung eines von ihm geschlossenen Vertrages, muss ebenfalls genehmigt werden.

- Die Vaterschaftsanerkennung eines minderjährigen Mannes sowie die Zustimmungserklärung der minderjährigen Mutter hierzu. Die jeweiligen Erklärungen müssen durch den gesetzlichen Vertreter abgegeben werden.

Achtung! **i**

Die familiengerichtliche Genehmigung muss der Anerkennungs- bzw. Zustimmungserklärung des gesetzlichen Vertreters vorausgehen, daher im Voraus eingeholt werden.

Voraussetzung für die Erteilung der familiengerichtlichen Genehmigung ist das Wohl des Kindes (§ 1697a BGB). Das Gericht muss in erster Linie auf den Schutz und die Interessen des Minderjährigen abstellen. Bei der Prüfung der Kindesinteressen muss sich das Gericht auf den Standpunkt eines verständigen, die Tragweite des

Geschäfts überblickenden Volljährigen stellen und dabei die Vor- und Nachteile des genehmigungsbedürftigen Geschäfts abwägen. Bei Entscheidungen über die Genehmigung von Rechtsgeschäften im Zusammenhang mit einem Erwerbsgeschäft oder Gesellschaftsvertrag hat das Gericht darauf zu achten, dass der Minderjährige bei Eintritt in die Volljährigkeit nicht unzumutbar verschuldet wird. Es hat dabei die Verpflichtung den Sachverhalt sorgfältig aufzuklären, ggf. unter Einschaltung fachlicher Beratung oder durch Einholung eines Sachverständigengutachtens um den Wert, z.B. eines Grundstücks zu bestimmen.

5. Minderjährigenhaftungsbeschränkungsgesetz (§ 1626a BGB)

Am 1.1.1999 trat dieses Gesetz in Kraft mit dem Ziel, die Haftung des volljährig gewordenen Kindes für Verbindlichkeiten, die in der Zeit der gesetzlichen Vertretung entstanden sind, auf den Bestand des bei Eintritt der Volljährigkeit vorhandenen Vermögens zu beschränken. Verbindlichkeiten aus einem eigenen Erwerbsgeschäft sowie aus Rechtsgeschäften, die allein der Befriedigung seiner persönlichen Bedürfnisse dienen, z.B. Kauf eines Handys, sind hiervon jedoch ausgenommen. Das volljährig gewordene Kind hat drei Monate nach Eintritt der Volljährigkeit darüber hinaus ein beschränktes Kündigungsrecht, wenn es Mitglied einer Gesellschaft ist. Als Mitglied einer Erbengemeinschaft hat es binnen drei Monaten die Auseinandersetzung zu verlangen. Tut dies der Volljährige nicht, kann er sich auf die Haftungsbeschränkung nicht berufen.

II. Ausübung der elterlichen Sorge

Inhaber der elterlichen Sorge sind die Eltern. Das BGB unterscheidet hinsichtlich der Ausübung der elterlichen Sorge zwischen Kindern, deren Eltern bei der Geburt verheiratet sind, und Kindern, deren Eltern bei der Geburt nicht miteinander verheiratet sind.

1. Regelung für nicht miteinander verheiratete Eltern

Nach § 1626a Abs. 1 Nr. 1 BGB haben nicht miteinander verheiratete Eltern die Möglichkeit, durch Abgabe von sog. **Sorgeerklärungen** die gemeinsame elterliche Sorge zu erlangen. Die Sorgeerklärung kann bereits vor der Geburt und bis zur Vollendung des 18. Lebensjahres eines Kindes abgeben werden. Mutter und Vater müssen dabei jeweils eine eigene Erklärung persönlich abgeben. Die Sorgeerklärung kann gemeinsam mit der Vaterschaftsanerkennung abgegeben werden.

Tipp!

Die jeweiligen Sorgeerklärungen müssen öffentlich beurkundet werden. Die Beurkundung kann beim Jugendamt kostenlos und beim Notar gegen Gebühr erfolgen.

Checkliste: Sorgeerklärung

Folgende Unterlagen sind für die Beurkundung der Sorgeerklärung erforderlich:

☐ *gültiges Ausweisdokument*

☐ *Geburtsurkunde bzw. Auszug aus dem Geburtenbuch, in dem beide Eltern als Eltern stehen (max. 1 Jahr alt)*

☐ *Auszug aus dem Mutterpass (bei Beurkundung vor Geburt des Kindes muss die Seite aus dem Mutterpass mit dem voraussichtlichen Geburtstermin vorgelegt werden)*

☐ *Kopie der Vaterschaftsanerkennung, wenn die Erklärung vor Geburt des Kindes erfolgen soll bzw. wenn die Geburtsurkunde noch nicht vorliegt*

☐ *Kontaktdaten der Eltern*

Die Sorgeerklärung kann bereits vor der rechtskräftigen Scheidung der Kindsmutter, daher in einem Zeitpunkt, indem auch die leibliche Vaterschaft noch nicht feststeht, wirksam abgegeben werden.

Merke!

Der mit der Kindsmutter im Zeitpunkt der Geburt verheiratete Mann gilt als dessen rechtlicher Vater.

Ist das Kind dagegen vor Anhängigkeit des Scheidungsverfahrens geboren, ist eine abgegebene Sorgeerklärung nichtig. Durch die formgerechte Abgabe der Sorgeerklärungen wird die elterliche Sorge ohne behördliche oder gerichtliche Kontrolle und ohne Zustimmung des Kindes begründet.

Heiraten die Kindseltern nach Geburt des Kindes, erhalten sie mit Eheschließung automatisch die gemeinsame elterliche Sorge.

 Merke!
Während bestehender Ehe haben die Eltern die gemeinsame elterliche Sorge für ihre Kinder.

Werden vor Geburt des Kindes keine Sorgeerklärungen abgegeben, erlangt die Mutter mit Geburt des Kindes zunächst die alleinige elterliche Sorge.

 Tipp!
Die alleinsorgeberechtigte Mutter erhält auf ihren Antrag hin eine schriftliche Bestätigung des Jugendamtes, aus der hervorgeht, dass keine Sorgeerklärungen vorliegen, sog. Negativattest. Dieses ist zur Vorlage bei Behörden oder Ärzten erforderlich.

2. Verfahren zur Begründung der gemeinsamen Sorge – Ende des „Müttermonopols"

Am 19.5.2013 ist das Gesetz zur Reform der elterlichen Sorge nicht miteinander verheirateter Eltern in Kraft getreten und hat damit dem „Müttermonopol" in Sorgerechtsfragen ein Ende gesetzt. Nach altem Recht war dem Vater ohne Zustimmung der Mutter der Erhalt des gemeinsamen Sorgerechts verwehrt. Der Europäische Gerichtshof für Menschenrechte (EGMR) und das Bundesverfassungsgericht (BVerfG) sahen hierin einen Verstoß gegen die Europäische Menschenrechtskonvention bzw. gegen die Grundrechte. Bis zur Neuregelung des Sorgerechts am 19.5.2013 konnte das gemeinsame und alleinige Sorgerecht des nicht mit der Mutter verheirateten Kindsvaters nicht gegen den Willen der Mutter durchgesetzt werden. Durch die gesetzliche Neuregelung ist Vätern der Zugang zur gemeinsamen elterlichen Sorge auch ohne die Zustimmung der Mütter eröffnet worden. Werden – mangels Zustimmung der Mutter – keine gemeinsamen Sorgeerklärungen abgegeben, kann nunmehr der nichteheliche Vater das gemeinsame Sorgerecht beim Familiengericht beantragen. Hierfür hat der Gesetzgeber eine neues vereinfachtes Verfahrens (§ 155a FamFG) eingeführt. Danach soll das Gericht in einem schriftlichen Verfahren ohne Anhörung des Jugendamtes und ohne persönliche Anhörung der Eltern entscheiden, wenn die Mutter zum Antrag des Vater keine Stellung nimmt oder keine Gründe vorträgt, die der

Übertragung des Sorgerechts entgegenstehen können. Es besteht eine gesetzliche Vermutung dahingehend, dass die gemeinsame elterliche Sorge dem Kindeswohl nicht widerspricht, sog. **negative Kindeswohlprüfung** (§ 1626a Abs. 2 S. 2 BGB).

> **Achtung!**
>
> Beantragt der Kindsvater die alleinige elterliche Sorge, findet eine sog. positive Kindeswohlprüfung statt. Die Alleinsorge des Vaters muss dem Wohl des Kindes am besten entsprechen! Die Entscheidung hierüber fällt das Gericht nicht im vereinfachten, sondern im „normalen" Verfahren.

Das Familiengericht kann nach eigenem Ermessen entscheiden, ob es im vereinfachten oder normalen Verfahren, daher unter Beteiligung des Jugendamtes und unter persönlicher Anhörung der Beteiligten, ggf. Bestellung eines Verfahrensbeistandes entscheidet. In der Praxis hat sich herauskristallisiert, dass die Gerichte – trotz vereinfachtem Verfahren – grundsätzlich einen Erörterungstermin anberaumen, um sich die jeweiligen Positionen der Eltern anzuhören, auch wenn nach dem Gesetzeswortlaut grundsätzlich ein schriftliches beschleunigtes Verfahren vorgesehen ist.

Folgende Gründe können gegen die Einrichtung der gemeinsamen elterlichen Sorge sprechen:

- Der Vater kennt sein Kind nicht,

- der Vater lehnt jeglichen Kontakt mit der Kindsmutter ab, nimmt keine Umgangstermine wahr und begehrt das gemeinsame Sorgerecht nur, um die Umgangstermine allein bestimmen zu können,

- wenn es den Eltern wegen ihrer gegenseitigen Vorbehalte nicht gelingt, in Angelegenheiten, die ihr Kind betreffen, gemeinsam eine Entscheidung zu treffen.

Muster: Antrag Begründung gemeinsame elterliche Sorge eines nicht mit der Mutter verheirateten Vaters

Amtsgericht ....

– Familiengericht –

(Adresse)

AZ: neu zu vergeben

In Sachen

Herr ..., (Adresse)

– Antragsteller –

gegen

Frau ..., (Adresse)

– Antragsgegnerin –

wegen elterliche Sorge

beantrage ich,

die elterliche Sorge für das gemeinsame Kind der Beteiligten ..., geboren am ..., auf beide Eltern gemeinsam zu übertragen.

Begründung:

....

....
(Unterschrift)

3. „Kleines Sorgerecht" des Stiefelternteils

Wegen der wandelnden gesellschaftlichen Verhältnisse hat der Gesetzgeber dem Ehegatten bzw. gleichgeschlechtlichen Lebenspartner eines allein sorgeberechtigten Elternteils im Rahmen eines gesetzlichen Mitentscheidungsrechts ein sog. **kleines Sorgerecht** eingeräumt (§ 1687b BGB). Die neuen Familienbande sollen rechtlich gestärkt und die tatsächlich vom Stiefelternteil übernommene Betreuung und Verantwortung für das Kind seines Ehegatten bzw. Lebenspartners rechtlich abgesichert und anerkannt werden. Im Einvernehmen mit dem sorgeberechtigten Elternteil hat der Stiefelternteil die Befugnis, in Angelegenheiten des täglichen Lebens des Kindes mitzuentscheiden.

Tipp!
Der Stiefelternteil wird durch das kleine Sorgerecht besser gestellt als der nicht sorgeberechtigte leibliche Elternteil.

Diese Befugnis endet, wenn die Ehegatten bzw. Lebenspartner getrennt leben. Mitentscheidung bedeutet, dass der Stiefelternteil vom Einvernehmen seines Ehegatten bzw. Lebenspartners abhängig ist. Widerspricht dieser einer Entscheidung, muss diese unterbleiben. Bei Gefahr im Verzug, z.B. Verletzungen oder Krankheiten des Kindes, ist der Stiefelternteil berechtigt, sämtliche Rechtshandlungen, die zum Wohl des Kindes erforderlich sind, vorzunehmen. Der sorgeberechtigte Elternteil muss unverzüglich unterrichtet werden. Das Notvertretungsrecht hängt nicht vom Einverständnis des Ehegatten bzw. Lebenspartners ab.

Achtung!
Gleich- und verschiedengeschlechtlichen Lebensgefährten haben hinsichtlich der Kinder ihrer Partner weder ein kleines Sorge- noch ein Notvertretungsrecht.

III. Das gemeinsame Sorgerecht – Geteiltes Recht ist doppelter Ärger

1. Wer bekommt das Sorgerecht bei Trennung/ Scheidung der Eltern?

Eine Trennung oder Scheidung ändert nichts an der grundsätzlich weiterhin bestehenden gemeinsamen Sorge der Eltern. Dies war bis zum 30.6.1998 nicht der Fall. Damals musste im Rahmen der Scheidung das Sorgerecht auf einen der Elternteile übertragen werden. Dies änderte sich mit der am 1.7.1998 in Kraft getretenen Kindschaftsrechtsreform. Sofern beim Familiengericht kein Antrag auf Übertragung der Alleinsorge gestellt wird, verbleibt es bei einer Trennung verheirateter oder nicht miteinander verheiratete Eltern bzw. nach einer Scheidung beim gemeinsamen Sorgerecht der Eltern. Das Gesetz hat in § 1687 BGB die Ausübung der gemeinsamen Sorge bei voneinander getrennt lebenden Eltern geregelt. Die Vorschrift soll Konflikte vermeiden und gestattet es daher dem Elternteil, bei dem sich das Kind befindet, Alleinentscheidungen in einem Stufensystem von Handlungsbefugnissen zu treffen, um die Sorge für das Kind zu ermöglichen. Es wird unterschieden zwischen Angelegenheiten des täglichen Lebens sowie Angelegenheiten von erheblicher Bedeutung.

a) Angelegenheiten des täglichen Lebens

Der Elternteil, bei dem das Kind lebt, hat die Befugnis allein über die Angelegenheiten des täglichen Lebens zu entscheiden.

§ **Angelegenheiten des täglichen Lebens:**
Nach der gesetzlichen Definition (§ 1687 Abs. 1 S. 3 BGB) handelt es sich um Angelegenheiten, die häufig vorkommen und die keine schwer abzuändernden Auswirkungen auf die Entwicklung des Kindes haben.

i **Achtung!**
Üben die Eltern ein echtes Wechselmodell aus, wechselt die Alltagssorge auf den jeweils betreuenden Elternteil.

Die Alleinentscheidungsbefugnis umfasst auch das alleinige gesetzliche Vertretungsrecht für das Kind in diesen Belangen. Angelegenheiten des täglichen Lebens sind:

- Schulangelegenheiten: Auswahl des Nachhilfelehrers, Entschuldigung im Krankheitsfall, Teilnahme an Klassenfahrten und AGs,

- Gesundheitsangelegenheiten: Teilnahme an den üblichen Vorsorgeuntersuchungen, Routineimpfungen, Routinebesuch beim Zahnarzt,

- Ausübung von Freizeitaktivitäten,

- Entscheidungen in Fragen des Umgangs des Kindes mit Freunden,

- Entscheidung darüber, wer das Kind vom Hort, Kindergarten, Schule etc. abholen darf,

- Verwaltung kleinerer Geldgeschenke,

- Anträge in Pass- und Ausweisangelegenheiten,

Achtung!

Teilweise wird die Ansicht vertreten, es handele sich bei Pass- und Ausweisangelegenheiten um eine bedeutende Angelegenheit. In der Praxis verlangen Passämter bei bestehender gemeinsamer elterlicher Sorge regelmäßig die Unterschrift beider Elternteile.

Tipp! ✔

Hält sich das Kind bei dem Elternteil auf, bei dem es nicht dauernd lebt, hat dieser die Alleinentscheidungsbefugnis in Angelegenheiten der tatsächlichen Betreuung.

Tatsächliche Betreuung: 🔍

Während der Umgangszeiten kann der umgangsberechtigte Elternteil darüber entscheiden, was das Kind anzieht, isst und wann es ins Bett geht.

b) Bedeutende Angelegenheiten

Bei Entscheidungen in Angelegenheiten, deren Regelung für das Kind von erheblicher Bedeutung ist, ist das gegenseitige Einvernehmen der Eltern erforderlich. Zu bedeutenden Angelegenheiten zählen, z.B.

- das Aufenthaltsbestimmungsrecht,

- die Wahl des Vor- und Nachnamens des Kindes,

- Schul- und Ausbildungsangelegenheiten: Wahl der Schulart und der konkreten Schule, Wahl der Lehre und Lehrstätte, Wahl von Fächern und Leistungskursen, Entscheidung darüber, ob das Kind ein Internat besuchen soll, längerer Schüleraustausch im Ausland,

- Gesundheitsangelegenheiten: spezielle Impfungen, Operationen (außer Notoperationen), kieferorthopädische Behandlung, risikoreiche medizinische Behandlungen,

- die religiöse Erziehung des Kindes,

- die Annahme oder Ausschlagung einer Erbschaft,

- die Entscheidung über Anlage und Verwendung des Kindesvermögens.

69

i Merke!

Bei Gefahr im Verzug, beispielsweise einer Notoperation, darf jeder Elternteil die notwendigen Maßnahmen ergreifen. Der andere Elternteil ist unverzüglich zu unterrichten. Es kommt dabei nicht darauf an, ob gemeinsames oder alleiniges Sorgerecht besteht.

2. Wer entscheidet bei Meinungsverschiedenheiten der Eltern?

Meinungsverschiedenheit:

Die verheirateten Eltern trennen sich kurz nach der Geburt ihrer Tochter. Die Eltern können sich über den Vornamen des Kindes nicht einigen. Ohne Vornamen erhält das Kind jedoch keine Geburtsurkunde, welche zur Vorstellung beim Kinderarzt benötigt wird.

Wenn die Eltern bei der Ausübung der gemeinsamen elterlichen Sorge bezüglich einer bestimmten Angelegenheit in Konflikt geraten, deren Regelung für das Kind von **erheblicher Bedeutung** ist, kann ein Elternteil für diese Angelegenheit beim Familiengericht die **Übertragung der Alleinentscheidungsbefugnis** gem. § 1628 BGB beantragen. Das Gericht kann die Übertragung mit Beschränkungen oder mit Auflagen verbinden. Die Eltern müssen zuvor vergeblich versucht haben, eine Einigung herbeizuführen. Ohne Bedeutung ist, ob die gemeinsame elterliche Sorge durch Heirat besteht oder durch Sorgeerklärungen erlangt wurde, ob die Eltern getrennt oder sogar geschieden sind. Der Elternteil, dem die Entscheidungsbefugnis übertragen wird, hat in dieser Angelegenheit die alleinige Vertretungsmacht. Die Regelung betrifft nur konkrete Situation, während die Übertragung der Alleinsorge bzw. eines Teils der elterlichen Sorge bei auf Dauer angelegten Entscheidungen nach Trennung oder Scheidung der Eltern anzuwenden ist.

Checkliste: Um Angelegenheiten von erheblicher Bedeutung handelt es sich z.B. in folgenden Fällen

☐ *Ausstellung eines Kinderausweises*

☐ *Reise kleiner Kinder in Länder, mit deren Kulturkreis sie nicht vertraut sind*

- ☐ *Wahl des Kindergartens und der Schule*
- ☐ *Entscheidung ob und in welchem Umfang ein Kind geimpft werden soll*
- ☐ *Religionswahl*
- ☐ *ärztliche Behandlung*
- ☐ *Ausschlagung einer Erbschaft*

3. Elternvereinbarungen

Elternvereinbarungen sind Absprachen zwischen den Eltern über die Gestaltung ihrer Beziehung zu den Kindern. Es handelt sich hierbei nicht um echte Verträge. Ihre Verbindlichkeit richtet sich nach dem Kindeswohl. Elternvereinbarungen können sogar Einfluss auf ein gerichtliches Verfahren haben. Die Bindung der Eltern an die Vereinbarung richtet sich danach, ob es sich um Angelegenheiten des täglichen Lebens oder um solche von erheblicher Bedeutung für das Kind handelt. Bei Angelegenheiten des täglichen Lebens entfällt eine Bindungswirkung, da über diese der betreuende Elternteil allein entscheidet. Bei Angelegenheiten von erheblicher Bedeutung sind Eltern solange an eine konkret getroffene Vereinbarung gebunden, bis die Eltern sich entsprechend ihrer elterlichen Verantwortung erneut einigen oder eine gerichtliche Entscheidung ergeht. Bei Bedarf kann sogar ein Elternteil dem anderen Vollmacht erteilen, einzelne Rechtsgeschäfte oder einen bestimmten Kreis von Geschäften allein vorzunehmen. Grundsätzlich kann der alleinsorgeberechtigte Elternteil den Nichtsorgeberechtigten bevollmächtigen.

Erforderliche Vollmachtserteilung:

Der Kindsvater hält sich aus beruflichen Gründen mehrere Monate im Jahr im Ausland auf. Aus diesem Grund bevollmächtigt er seine Ehefrau sämtliche schulischen und medizinischen Angelegenheiten des Kindes allein zu besorgen.

71

Muster: Vollmacht bei Residenzmodell
Vollmacht

zwischen

Frau ..., (Adresse)

– nachstehend „Mutter" genannt –

und

Herrn ..., (Adresse)

– nachstehend „Vater" genannt –

Vorwort

Die Vertragsschließenden sind verheiratete Ehegatten und leben seit dem (Datum) getrennt. Aus unserer Ehe sind die Kinder (Name), geb. am (Datum) und (Name), geb. am (Datum) hervorgegangen. Die elterliche Sorge wird gemeinsam ausgeübt.

Die Vertragsschließenden schließen folgende Vereinbarung:

Der Vater ist damit einverstanden, dass der Aufenthalt der beiden gemeinsamen Kinder

- (Name), geb. am (Datum) und

- (Name), geb. am (Datum)

sich bei der Mutter befindet und diese die Kinder betreut.

Die Eltern sind sich darüber einig, dass die gemeinsame elterliche Sorge weiterhin gemeinsam ausgeübt wird. In Angelegenheiten des täglichen Lebens nach § 1687 Abs. 1 S. 2, 3 BGB hat die Mutter die alleinige Entscheidungsbefugnis. Der Vater erteilt der Mutter hiermit Vollmacht zur Alleinvertretung der Kinder im Rechtsverkehr.

....
(Ort, Datum)   (Ort, Datum)

....
(Unterschrift)   (Unterschrift)

Muster: Umfassende Vollmacht

Vollmacht

zwischen

Frau ..., (Adresse)

– nachstehend „Mutter" genannt –

und

Herrn ..., (Adresse)

– nachstehend „Vater" genannt –

Vorwort

Die Vertragsschließenden sind verheiratete Ehegatten und leben seit dem (Datum) getrennt. Aus unserer Ehe sind die Kinder (Name), geb. am (Datum) und (Name), geb. am (Datum) hervorgegangen. Die elterliche Sorge wird gemeinsam ausgeübt.

Die Vertragsschließenden schließen folgende Vereinbarung:

Entscheidungen in Sorgeangelegenheiten und Vertretung

Hiermit bevollmächtigt der Vater die Mutter widerruflich, in allen Angelegenheiten die elterliche Sorge betreffend, die sie sonst gemeinsam ausüben, für die Kinder (Name) und (Name), insbesondere in

Angelegenheiten der Gesundheitsfürsorge und für medizinische Eingriffe

Schulangelegenheiten

Angelegenheiten der Kinderbetreuung

Angelegenheiten der Vermögenssorge

Passangelegenheiten/Visumsangelegenheiten

verbindlich tätig zu werden und für den Vater rechtswirksam zu handeln. Die Aufzählung ist dabei nicht abschließend. Die Mutter ist somit für alle Handlungen und Maßnahmen, die in Ausübung der elterlichen Sorge für die Kinder (Name) und (Name) notwendig sind/werden, allein handlungs- und entscheidungsbefugt.

....

(Ort, Datum)   (Ort, Datum)

....

(Unterschrift)   (Unterschrift)

73

IV. Übertragung der elterlichen Sorge auf einen Elternteil bei Trennung oder Scheidung

Das gemeinsame Sorgerecht der Eltern wird grundsätzlich von einer Trennung oder Scheidung der Eltern nicht berührt. Stellt ein Elternteil nach einer Trennung oder Scheidung einen Antrag auf Übertragung des Alleinsorgerechts oder eines Teils des Sorgerechts, so kann das Familiengericht dieses auf einen Elternteil übertragen.

Achtung!

Es ist immer nur die Übertragung auf sich möglich. Daher kann der eine Elternteil nicht beantragen, dass dem anderen Elternteil das Sorgerecht übertragen wird, wenn dieser keinen eigenen Antrag stellt!

Voraussetzung für einen Antrag auf Übertragung des Alleinsorgerechts ist, dass die Eltern nicht nur vorübergehend, sondern dauerhaft voneinander getrennt leben. Für das gerichtliche Verfahren kommt es zudem darauf an, ob die Übertragung des Sorgerechts einvernehmlich erfolgt oder nicht. Stimmt ein Elternteil dem Sorgerechtsantrag des anderen Elternteils zu, hat das Familiengericht dem Antrag zu entsprechen. Das Gericht erforscht weder die Hintergründe für die Zustimmung, noch muss diese begründet werden. Eine Prüfung des Kindeswohls findet grundsätzlich nicht statt.

Achtung!

Liegen für das Gericht konkrete Anhaltspunkte vor, dass die angestrebte Sorgeregelung das Wohl des Kindes **gefährdet**, muss das Gericht das Wohl des Kindes von Amts wegen prüfen.

Hat das Kind das 14. Lebensjahr vollendet und widerspricht es dem gemeinsamen Elternvorschlag, darf das Gericht dem Antrag zunächst nicht stattgeben. Das Gericht ist nach dem Widerspruch des Kindes zu einer vollen Kindeswohlprüfung verpflichtet. Kommt es zum Ergebnis, dass die Sorgerechtsvorstellungen der Eltern dem Kindeswohl entsprechen, wird es dem Antrag stattgeben.

Achtung!

Das Kind kann den Sorgerechtsvorstellungen seiner Eltern nicht mit Erfolg widersprechen. Es hat kein Vetorecht!

Stimmt der andere Elternteil dem Antrag nicht zu, so ist dem Antrag dennoch stattzugeben, wenn zu erwarten ist, dass die Übertragung des ganzen bzw. eines Teils des Sorgerechts auf den Antragsteller dem Wohl des Kindes am besten entspricht. Das Familiengericht entscheidet dabei in zwei Stufen, sog. **doppelte Kindeswohlprüfung:**

1. Stufe: Kindeswohlprüfung zur Aufhebung der elterlichen Sorge:

In der ersten Stufe prüft das Gericht, ob die Aufhebung der gemeinsamen elterlichen Sorge dem Kindeswohl entspricht. Die Eltern können das gemeinsame Sorgerecht nur dann weiterhin ausüben, wenn sie beide uneingeschränkt zur Pflege und Erziehung des Kindes geeignet sind.

Ungeeignet zur Pflege und Erziehung des Kindes:
Dies ist der Fall, wenn

- das Kind vernachlässigt wird,

- ein Elternteil psychisch erkrankt ist,

- der eine Elternteil gegenüber dem anderen schwere Gewalt angewandt hat.

Sie müssen gewillt sein, auch nach einer Trennung/Scheidung die Verantwortung für das zusammen zu tragen, sog. **Kooperationsbereitschaft**. Die Fähigkeit zu kooperativem Verhalten äußert sich darin, dass die Eltern in der Lage sind persönliche Interessen und Differenzen außen vor zu lassen und den anderen Elternteil als Erzieher und Bindungsperson des Kindes zu respektieren. Trennungen/Scheidungen sind mit gegenseitigen Kränkungen verbunden. In der Praxis kommt es deswegen sehr häufig vor, dass diese Kränkungen auf der sog. **Paarebene**, auf die sog. **Elternebene** übertragen werden. Eltern verlagern – ohne, dass ihnen dies bewusst ist – ihre Beziehungsprobleme auf die Beziehung des anderen Elternteils mit dem Kind, mit der Folge, dass die Kinder in einen Konflikt involviert werden, für den sie nichts können. Soweit Eltern – trotz bestehender Differenzen – in der Lage sind, gemeinsam Entscheidungen für das Kind treffen zu können, wird ein Sorgerechtsantrag keine Aussicht auf Erfolg haben.

Achtung!

Viele Sorgerechtsanträge scheitern in der Praxis daran, dass den Eltern vor Beantragung des Alleinsorgerechts nicht vor Augen geführt wird, dass der Beziehungskonflikt sich nicht denknotwendig auch auf der Elternebene auswirken muss.

Tipp!

Nutzen Sie den Anspruch auf Beratung durch Jugendämter oder andere Beratungsstellen, auch bereits vor der Einleitung eines gerichtlichen Verfahrens. Als Eltern haben Sie einen Anspruch auf Beratung durch das Jugendamt. Das Jugendamt wird versuchen zu vermitteln. Die Kinder müssen daran angemessen beteiligt werden. Bei den Beratungsgesprächen stellt sich schnell heraus, ob Sie sich mit dem anderen Elternteil über die Belange der Kinder trotz Trennung/Scheidung noch einigen können oder nicht.

Von Kooperationsbereitschaft geht man aus, wenn zwischen Eltern in Angelegenheiten von erheblicher Bedeutung für das Kind Einigkeit besteht. Streitigkeiten um Alltagsprobleme reichen zur Begründung des Antrags nicht aus, eben so wenig die Erklärung, das Verhältnis zwischen den Eltern sei schlecht und eine Zusammenarbeit deshalb nicht denkbar.

Achtung!

Von den Eltern wird erwartet, dass sie sämtliche Anstrengungen unternehmen, um in wichtigen, das Kind betreffenden Entscheidungen, zu einer Einigung kommen zu können.

Tipp!

Der die Alleinsorge begehrende Elternteil muss vor Gericht umfangreich und detailliert vortragen, um eine mangelnde Kooperationsbasis zwischen den Eltern darlegen zu können! Ein im Familienrecht versierter Anwalt kann Ihnen hierfür zur Seite stehen.

Kommt das Gericht bereits bei diesem ersten Prüfungsschritt zu der Erkenntnis, dass die Aufhebung der gemeinsamen elterlichen Sorge dem Kindeswohl nicht entspricht, kann es den Antrag ablehnen. Die Eltern müssen die elterliche Sorge in Folge weiter gemeinsam ausüben. Kommt das Gericht zu dem Schluss, dass die Aufhebung der gemeinsamen Sorge bzw. eines Teils davon dem Kindeswohl am besten entspricht, wird es auf die zweite Stufe übergehen.

2. Stufe: Kindeswohlprüfung zur Übertragung der elterlichen Sorge:

Das **Kindeswohl** ist zentraler Maßstab für die Entscheidung des Familiengerichts. Das Gericht muss prüfen, ob die Zuweisung des Sorgerechts gerade an den Antragsteller dem Wohl des Kindes am besten entspricht. Dabei sind für das Gericht folgende Kriterien maßgebend:

- Wer fördert das Kind besser, sog. **Förderungsprinzip?**

Beim Förderungsprinzip geht es um die Frage, welcher Elternteil in Zukunft die meiste Unterstützung für die seelische, geistige und körperliche Entwicklung des Kindes geben kann. Dabei ist zu prüfen,

– bei welchem Elternteil die Einheitlichkeit und Gleichmäßigkeit der Erziehung gewährleistet ist,

– welcher Elternteil das überlegenere Erziehungskonzept vorlegen kann,

– welcher Elternteil die stabilere und verlässlichere Betreuungsperson darstellt.

Der bislang geltende allgemeine Grundsatz des Vorrangs der Eigen- vor Fremdbetreuung hat jegliche Bedeutung verloren. Hintergrund ist die Entscheidung des Gesetzgebers im Rahmen des nachehelichen Unterhalts beim Betreuungsunterhalt (§ 1570 BGB) ab dem dritten Lebensjahr eines Kindes auf den Vorrang der Fremdbetreuung abzustellen. Eine Rolle spielen aber die Erziehungseignung und der Erziehungsstil. Grundsätzlich sind die Eltern in der Wahl ihrer Erziehungsmaßnahmen frei, solange sie die im Rahmen der Personensorge gezogenen Grenzen beachten. Das Gericht prüft, ob einerseits gegen die Grenzen der Personensorge verstoßen wird und ob andererseits die Erziehung dazu führen wird, dass das Kind zu einem selbständigen und verantwortungsbewusst handelnden Menschen wird. Ein repressiver Erziehungsstil verstößt nach der Rechtsprechung gegen diese Grundsätze. Allein die Zugehörigkeit eines Elternteils zu einer Glaubensgemeinschaft, spricht nicht gegen den Elternteil, solange aus der Glaubenszugehörigkeit nicht konkret schädliche Auswirkungen auf das Kindeswohl festgestellt werden kann. Gegen die Erziehungseignung von Eltern können folgende Gründe sprechen:

– schwere psychische Erkrankung,

– Selbstmordgefahr,

– nachgewiesener sexueller Missbrauch.

Verweigert ein Elternteil ohne nachvollziehbaren Grund für einen längeren Zeitraum den Kontakt zum anderen Elternteil, so kann diese dies gegen seine Erziehungseignung sprechen.

■ Welcher Elternteil gewährleistet Gleichmäßigkeit, Stabilität und Konzeption der Erziehung besser, sog. **Kontinuitätsprinzip?**

Dieser Grundsatz basiert auf der Erfahrung, dass das Kind sich am besten bei fortdauernder sozialer und familiärer Bindung entwickelt. Es kommt darauf an, wer das Kind bisher überwiegend erzogen und betreut hat und welcher der beiden Elternteile dem Kind Stabilität und Gleichmäßigkeit in der Erziehung unter Beibehaltung des bisherigen sozialen Umfeldes bieten kann. Insbesondere bei jüngeren Kindern gilt ein häufiger Wechsel der Bezugs- und Betreuungspersonen sowie des sozialen Umfeldes als schädlich. Derjenige Elternteil der nach einer Trennung/Scheidung das Kind weiter betreut und zudem in der gewohnten Umgebung verbleibt, kann nach diesem Grundsatz Vorteile gegenüber dem anderen Elternteil haben. Das wird i.d.R. die Mutter sein. Eine Festschreibung der Rollenverteilung, nach der die Erziehung und Betreuung von Kindern Sache der Mutter ist, verbietet jedoch der Gleichberechtigungsgrundsatz.

Tipp!
Bei gleicher Erziehungseignung kann dem obigen Prinzip ausschlaggebende Bedeutung in einem Sorgerechtsverfahren zukommen.

Das Kontinuitätsprinzip darf jedoch nicht dazu führen, dass eine gleichmäßige, aber für das Kindeswohl schädliche Entwicklung hingenommen wird. Es gibt keine gesicherten Erfahrungsgrundsätze dahingehend, dass die Auswechslung der Hauptbezugsperson negative Langzeitfolgen für das Kind nach sich zieht.

■ Welcher Elternteil gewährleistet besser einen spannungsfreien Kontakt zum anderen Elternteil (sog. **Bindungstoleranz**)?

Hierunter versteht man die Fähigkeit der Eltern, bei einem Streit um das Sorgerecht den spannungsfreien Kontakt zum anderen Elternteil zuzulassen. Für die Entwicklung eines Kindes ist von entscheidender

Bedeutung, dass es nach der Trennung seiner Eltern zu beiden seine Bindung aufrechterhalten kann. Mangelnde Bindungstoleranz ist ein Grund die Erziehungseignung zu verneinen.

Mangelnde Bindungstoleranz:

Frau Muster kommt nicht darüber hinweg, dass Herr Muster sich von ihr wegen einer neuen Frau hat scheiden lassen. Obwohl Herr Muster sich ein regelmäßiges Umgangsrecht für die beiden gemeinsamen Kinder erstritten hat, sieht er die Kinder nicht. Kurz bevor die Umgänge stattfinden sollen, sagt Frau Muster diese, z.B. wegen Krankheit der Kinder, ab oder ist nicht zu Hause anzutreffen. Frau Muster ist so verletzt, dass sie nicht möchte, dass die Kinder ihren Vater sehen.

- Bindung des Kindes an seine Eltern, Geschwister und Umgebung

Die Frage, zu welchem Elternteil das Kind die gefühlsmäßig stärkere Bindung hat, ist vor allem bei Kleinkindern, schwierig zu beantworten. Das Gericht wird aus diesem Grund ein Sachverständigengutachten einholen. Geschwister sollen i.d.R. nicht getrennt werden.

- Kindeswille

Bei Entscheidungen, die die gesamte künftige Lebensweise und Entwicklung betreffen, muss der Wille des Kindes berücksichtigt werden. Die Berücksichtigung des Kindeswillens geschieht notwendigerweise altersabhängig. Es gibt jedoch keine feste Altersgrenze, ab dem der Kindeswille streitentscheidend ist. Das Gericht muss prüfen, ob der vom Kind geäußerte Wille eigenverantwortlich, daher ohne Beeinflussung durch einen Elternteil, zustande gekommen ist und in Zukunft auch Bestand haben wird.

Tipp!

Ein in ihrem Gerichtsbezirk angesiedelter im Familienrecht versierter Rechtsanwalt kann Ihnen Auskunft darüber geben, ab welchem Alter die Gerichte vor Ort üblicherweise die Kinder anhören.

Die Hürden für die Übertragung der Alleinsorge sind sehr hoch, sodass die Gerichte sich hierfür nur in Einzelfällen aussprechen.

Fälle, in denen dem Antrag auf Alleinsorge stattgegeben wurde:

- Sexueller Missbrauch des Kindes durch einen Elternteil,

- erhebliche Drogen-/Alkoholprobleme bzw. Sucht,

- große räumliche Entfernung der Eltern (z.B. wenn ein Elternteil im Ausland wohnt).

Achtung!

Die dargestellten Grundsätze gelten auch dann, wenn nur ein Teilbereich der elterlichen Sorge übertragen werden soll.

Tipp!

Der nichtsorgeberechtigte Vater kann ebenfalls beantragen, dass ihm ein Teil des Sorgerechts oder die Alleinsorge übertragen wird (§ 1671 Abs. 2. BGB). Das Gericht hat dem Antrag stattzugeben,

- wenn die Mutter zustimmt, es sei denn, die Übertragung widerspricht dem Kindeswohl oder das Kind, das das 14. Lebensjahr vollendet hat widerspricht der Übertragung, oder

- eine gemeinsame Sorge nicht in Betracht kommt und zu erwarten ist, dass die Übertragung des Sorgerechts auf den Vater dem Wohl des Kindes am besten entspricht.

V. Gerichtliche Maßnahmen bei Gefährdung des Kindes (§ 1666 BGB)

Der Staat darf in das grundrechtlich geschützte Elternrecht auf Pflege und Erziehung der Kinder (Art. 6 Abs. 2 S. 1 GG) nur eingreifen, wenn sein Wächteramt (Art. 6 Abs. 2 S. 2 GG) dies aus Kindeswohlgründen erfordert. Das Wächteramt beschränkt sich nur auf die Abwehr von Gefahren. Es beinhaltet keinen Anspruch des Kindes auf optimale Förderung und Erziehung. Das Familiengericht hat Maßnahmen zu ergreifen, die zur Abwendung einer Gefahr erforderlich sind, wenn das körperliche, geistige oder seelische Wohl eines Kindes oder sein Vermögen gefährdet wird. Eingriffe in die Personensorge setzen eine objektive Gefährdung des Kindeswohls – auch durch Dritte – voraus, Eingriffe in die Vermögenssorge lediglich eine Gefährdung des Kindesvermögens.

Beispiele für Kindeswohlgefährdung:

- Tötungsversuche gegen das Kind

- Beschneidung von Mädchen

- Körperverletzung und körperliche Misshandlung

- Unzureichende Ernährung des Kindes

- Weigerung der Eltern, eine erforderliche Operation durchführen zu lassen

Beispiele für Gefährdung des Kindesvermögens:

- Verletzung des Unterhaltspflicht gegenüber dem Kind

- Verletzung der mit der Vermögenssorge verbundenen Pflichten (z.B. Vereinnahmung eines Sparguthabens des Kindes)

- Nichtbefolgung einer gerichtlichen Anordnung, die sich auf die Vermögenssorge bezieht

Das Gesetz konkretisiert in beispielhafter Aufzählung die vom Familiengericht möglichen Maßnahmen. Diese sind:

- **Öffentliche Hilfen:** Familiengerichte können gegenüber Eltern Gebote aussprechen, Leistungen der Kindes- und Jugendhilfe oder Gesundheitsförderung in Anspruch zu nehmen.

- **Schulbesuch:** Das Gericht kann die Eltern anhalten, die Schulpflicht des Kindes einzuhalten.

Achtung!

Das BVerfG hatte mit Beschluss vom 7.11.2014 (AZ: 2 BvR 920/14) entschieden, dass Eltern, die ihre Kinder von der Schule fern halten, strafrechtlich belangt werden können.

- **Schutzanordnungen für Wohnungen und andere Orte:** Werden Kinder von ihren Eltern oder anderen Personen, mit denen sie zusammenleben, misshandelt, kann das Gericht diesen Personen die Nutzung der Wohnung untersagen.

- **Kontakt- und Näherungsverbote:** Oftmals wird bei Misshandlungen des Kindes neben dem Wohnungs- und Ortsschutz gleichzeitig ein Kontakt- und Näherungsverbot angezeigt sein.

- **Ersetzung von Erklärungen:** Verweigern Eltern, z.B. ihre Einwilligung in einen lebensnotwendigen medizinischen Eingriff, kann das Gericht deren Zustimmung ersetzen.

- **(Teilweiser) Sorgerechtsentzug:** Voraussetzung, dass das Familiengericht eingreift, ist eine gegenwärtige, in einem solchen Maß vorhandene Gefahr, dass sich bei weiterem Zeitablauf eine erhebliche Schädigung des geistigen oder leiblichen Wohls des Kindes mit ziemlicher Sicherheit voraussehen lässt.

Entzug der Personensorge:

Einer Mutter mit afrikanischer Abstammung wird das Aufenthaltsbestimmungsrecht entzogen, als es um die Entscheidung geht, ob das Kind in einen afrikanischen Staat gebracht wird, wo es einer Beschneidungszeremonie ausgesetzt werden könnte.

- **Sonstige Maßnahmen:** Unabhängig von den oben genannten Maßnahmen, können auch andere Ge- oder Verbote in Betracht kommen.

Sonstige Maßnahmen:

- Anordnung einer Ausreisesperre des Kindes

- Bestellung eines Ergänzungspflegers für den Umgang

- Herausnahme des Kindes aus der Familie, wenn es vorher starker Gewaltanwendung ausgesetzt war

Nur im Bereich der Personensorge kann das Gericht Maßnahmen auch mit Wirkung gegenüber Dritten erlassen.

Die durch das Gericht getroffenen Sorgerechtsmaßnahmen sind nur solange aufrechtzuerhalten, wie sie erforderlich sind. Eine zeitliche Begrenzung der Maßnahmen scheidet aus, da sich nicht abschätzen lässt, wie lange die kindeswohlgefährdenden Umstände andauern werden.

VI. Ruhen der elterlichen Sorge

Beim Ruhen der elterlichen Sorge besitzt der betroffene Elternteil zwar noch das Sorgerecht, ist aber zu seiner Ausübung nicht berechtigt. Die elterliche Sorge ruht insgesamt oder in bestimmten Teilbereichen, wenn ein Elternteil aufgrund der tatsächlichen Verhältnisse sein Sorgerecht für längere Zeit nicht ausüben kann, z.B. Inhaftierung oder längerer Auslandsaufenthalt. Die elterliche Sorge ruht auch, wenn ein Elternteil in die Adoption seines Kindes eingewilligt hat. Die Feststellung, dass die elterliche Sorge ruht, trifft das Familiengericht. Stellt dieses fest, dass der Grund des Ruhens nicht mehr besteht, lebt die elterliche Sorge wieder auf.

Merke!
Die Ruhensanordnung stellt gegenüber der Übertragung der elterlichen Sorge den geringeren Eingriff in das Elternrecht dar, sodass das Gericht immer zuerst prüfen muss, ob vorrangig eine Ruhensanordnung in Betracht kommt.

VII. Tod eines Elternteils bzw. Entzug des Sorgerechts – wer bekommt das Sorgerecht?

Stirbt ein Elternteil bzw. wird ihm die elterliche Sorge entzogen, endet auch sein bestehendes Sorgerecht.

Stirbt bei bestehender **gemeinsamer elterlicher Sorge** ein Elternteil, so steht dem überlebenden Elternteil die elterliche Sorge allein zu, § 1680 Abs. 1 BGB. Stirbt der **alleinsorgeberechtigte** Elternteil ist zu unterscheiden, auf welchem Rechtsgrund die alleinige elterliche Sorge beruhte. Stand der nichtverheirateten Mutter die Alleinsorge zu, weil keine übereinstimmende Sorgeerklärung abgegeben wurde bzw. der Vater keinen Sorgerechtsantrag gestellt hat, so hat das Familiengericht dem überlebenden Elternteil die elterliche Sorge zu übertragen, wenn dies dem Kindeswohl nicht widerspricht, § 1680 Abs. 2 BGB. Dasselbe gilt, wenn die Alleinsorge einem Elternteil nach Trennung oder Scheidung übertragen wurde.

Diese Grundsätze gelten auch, soweit dem Mitsorgeberechtigten die elterliche Sorge entzogen wurde, § 1680 Abs. 3 BGB.

Tipp!
Der alleinsorgeberechtigte Elternteil kann für den Fall seines Todes per testamentarischer Verfügung einen Vormund für sein minderjähriges Kind bestimmen.

Sonderfall: Verbleibensanordnung zugunsten von Bezugspersonen

Lebt ein Kind seit längerer Zeit in einem Haushalt mit einem Elternteil und dessen Ehegatten bzw. eingetragenen Lebenspartner und erlangt der andere (nicht mit dem Kind zusammenlebende) Elternteil die alleinige Sorge aufgrund des Todes des mit dem Kind in einem Haushalt lebenden Elternteils, kann das Familiengericht anordnen, dass das Kind für eine gewisse Zeit beim Stiefelternteil verbleibt. Voraussetzung hierfür ist, dass die Wegnahme des Kindes aus seinem bisherigen gewohnten Umfeld, eine Kindeswohlgefährdung darstellt. Es ist nur eine befristete Verbleibensanordnung zulässig. Wie lange das Kind bei dem Stiefelternteil verbleibt, hängt vom Einzelfall ab. Die Verbliebensanordnung muss dem Kind Zeit geben, sich auf den Wechsel zum nunmehr sorgeberechtigten Elternteil vorzubereiten.

Lebt das Kind mit seinen volljährigen Geschwistern oder Großeltern in einem Haushalt, können sie auch eine sog. Verbleibensanordnung beantragen.

VIII. Fälle internationaler Kindesentführung – Nicht ohne mein Kind

1. Rückführung eines entführten Kindes

Wird ein Kind gegen oder ohne den Willen des anderen sorgeberechtigten Elternteils, in ein anderes Land verbracht oder das Kind im anderen Land widerrechtlich zurück gehalten, liegt ein Fall internationaler Kindesentführung vor. Widerrechtliches Zurückhalten liegt vor, wenn ein Kind nach einem vereinbarten Urlaub im Ausland nicht mehr zurückgeschickt wird. Der zurückbleibende Elternteil wird durch die Entführung an der Ausübung seines Mitsorgerechts verletzt.

Für die Fälle internationaler Kindesentführung ist das **Haager Übereinkommen über zivilrechtliche Aspekte internationaler Kindesentführungen** (HKÜ) anwendbar. Dieses wird in den EU-Mitgliedsstatten durch die Brüssel II a-VO die Gerichtsverfahren betreffend, ergänzt, die Kindesentführungsverfahren beschleunigen und vereinfachen soll. Dem HKÜ sind mittlerweile über 93 Staaten – von A wie Albanien bis Z wie Zypern – beigetreten.

Tipp!

Unter folgendem Link kann die Liste der Vertragsstaaten abgerufen werden: www.bundesjustizamt.de/DE/Themen/Buergerdienste/HKUE/Staatenliste/Staatenliste_node.html

Ziel des HKÜ ist es, schnellstmöglich den vor der Entführung bestehenden Ursprungszustand, wieder herzustellen. Der Rückführungsantrag ist in dem Land, in das das Kind entführt wurde bzw. in dem das Kind zurückgehalten wird, zu stellen. Folgende Voraussetzungen müssen vorliegen, damit ein Rückführungsantrag zurück in die Bundesrepublik Deutschland Erfolg hat:

- das Kind darf das 16. Lebensjahr noch nicht vollendet haben,

- das Kind muss unmittelbar vor der Entführung seinen gewöhnlichen Aufenthalt in der Bundesrepublik Deutschland gehabt haben,

- der antragstellende Elternteil hatte im Zeitpunkt der Entführung oder des Zurückhaltens zumindest ein Mitsorgerecht und hat dieses auch tatsächlich ausgeübt,

Achtung! **i**

Es werden nur Sorgerechtsverhältnisse geschützt, bei denen die gesetzlichen oder vereinbarten Rechte auch tatsächlich wahrgenommen werden, z.B. durch die Wahrnehmung des Umgangsrechts.

- das Übereinkommen muss zur Zeit der Entführung zwischen Deutschland und dem jeweiligen Zufluchtsstaat in Kraft gewesen sein.

Der Antrag muss innerhalb eines Jahres nachdem der Antragsteller den Aufenthaltsort des Kindes kannte oder hätte kennen müssen bei der zuständigen Behörde gestellt werden.

Tipp!

Zuständig in der Bundesrepublik Deutschland ist das Familiengericht, in dessen Bezirk ein OLG seinen Sitz hat. Beispielsweise ist im Oberlandesgerichtsbezirk München das Familiengericht München zuständig. Eine Besonderheit gilt für den Kammergerichtsbezirk Berlin. Dort entscheidet das Familiengericht Pankow/Weißensee.

i Achtung!

Häufig versucht der entführende Elternteil mit einem Sorgerechtsantrag im Fluchtstaat die Entführung zu „legalisieren". Sorgerechtsentscheidungen dürfen jedoch nach Mitteilung einer Kindesentführung durch die Gerichte nicht getroffen werden!

In völkerrechtlichen Verträgen und in europäischen Rechtsakten ist in den meisten Fällen die Verpflichtung für Vertrags- bzw. Mitgliedstaaten enthalten, eine zentrale Behörde zu benennen bzw. zu errichten. Diese zentralen Anlaufstellen unterstützen im Rückführungsverfahren, z.B. bei der Stellung von Anträgen. Der sorgeberechtigte Elternteil, der die Rückführung erreichen möchte, muss sich daher nicht unbedingt selbst an das zuständige Gericht im Ausland wenden, sondern an die dort zuständige Behörde.

i Achtung!

Für die Einhaltung der Jahresfrist reicht die Einreichung des Antrages bei der zuständigen Behörde nicht aus! Der Antrag muss beim zuständigen Gericht eingereicht werden.

In der Bundesrepublik Deutschland kann die Hilfe des **Bundesamtes für Justiz** in Anspruch genommen werden.

 Tipp!

Bundesamt für Justiz
– Zentrale Behörde für internationale Sorgerechtskonflikte –
Adenauerallee 99–103
53113 Bonn

Telefon: (0228) 99 410 – 52 12
Telefax: (0228) 99 410 – 54 01
E-Mail: int.sorgerecht@bfj.bund.de

Internetadresse: www.bundesjustizamt.de

Entspricht der Antrag den oben genannten Mindestvoraussetzungen, so wird er vom Bundesamt für Justiz, an die Zentrale Behörde desjenigen Vertragsstaats weitergeleitet, in den das Kind entführt worden ist. Die Zentrale Behörde im Zufluchtsstaat muss unter anderem unverzüglich den Aufenthaltsort des Kindes ausfindig machen, auf die freiwillige Rückgabe des Kindes oder eine gütliche Regelung hinwirken und wenn dies scheitert, ein gerichtliches oder behördliches Verfahren zur Rückführung des Kindes einleiten.

Achtung!
Sobald der Rückführungsantrag bei einem Gericht in der EU eingeht, muss eine gerichtliche Anordnung spätestens sechs Wochen nach Befassung des Gerichts mit dem Rückführungsantrag erlassen werden.

Die Rückführung des entführten Kindes kann ausnahmsweise abgelehnt werden, wenn

- der zurückgelassene Elternteil sein Sorgerecht zum Zeitpunkt des widerrechtlichen Verbringens bzw. Zurückhaltens nicht tatsächlich ausgeübt hat

- bis zum Eingang des Antrags bei Gericht mehr als ein Jahr verstrichen ist und das Kind sich in die neue Umgebung eingelebt hat,

- der zurückgelassene Elternteil dem Verbringen oder Zurückhalten zugestimmt oder dieses nachträglich genehmigt hat,

- das einsichtsfähige Kind sich der Rückkehr ernsthaft widersetzt,

- die Rückführung mit der schwerwiegenden Gefahr eines körperlichen oder seelischen Schadens für das Kind verbunden wäre oder das Kind auf andere Weise in eine unzumutbare Lage brächte.

Achtung!
Dem entführenden Elternteil ist eine Rückführung auch dann zuzumuten, wenn gegen ihn wegen der Entführung ein Haftbefehl im Heimatstaat vorliegt.

An die Geltendmachung der obigen Gründe werden hohe Anforderungen gestellt, um dem Übereinkommen nicht seinen Sinn zu nehmen.

Gründe, die gegen eine Rückführung sprechen:
Rückführung in ein Kriegsgebiet, schwere Suchtabhängigkeit des antragstellenden Elternteils, etc.

i Achtung!
Zwischen Mitgliedsstaaten der EU darf die Rückführung nicht verweigert werden, wenn nachgewiesen wird, dass angemessene Vorkehrungen getroffen sind, um den Schutz des Kindes nach seiner Rückkehr zu gewährleisten.

Der Weg über das Bundesamt für Justiz ist nicht zwingend. Der zurückgelassene Elternteil kann sich unmittelbar an die ausländische Zentrale Behörde oder ggf. unter Zuhilfenahme eines Rechtsanwalts, an die Gerichte oder Verwaltungsbehörden des anderen Staates wenden. Zu beachten ist dabei jedoch, dass es von dem betreffenden ausländischen Recht abhängt, ob eine Privatperson dort auch im gerichtlichen Verfahren auftreten und gehört werden kann oder ob die Vertretung durch einen dort ansässigen Rechtsanwalt vorgeschrieben ist. Das Tätigwerden des Bundesamtes für Justiz sowie der jeweiligen ausländischen Zentralen Behörden in Verfahren nach dem HKÜ sind gebührenfrei. Übersetzungskosten muss der antragstellende Elternteil selbst tragen.

i Achtung!
In der Bundesrepublik Deutschland fallen für das Rückführungsverfahren Gerichtskosten an. Lässt man sich von einem Rechtsanwalt vertreten, fallen zusätzliche Kosten an.

Die durch das Gericht beschlossene Rückführungsanordnung kann mit der Androhung eines Zwangsmittels, z.B. Zwangsgeld oder Zwangshaft, verbunden werden. Problematischer gestalten sich die Fälle, in denen ein Kind in ein Land entführt, welches nicht zu den Vertragsparteien des Haager Übereinkommens gehört. Der juristische Weg gestaltet sich sehr schwierig und manchmal sogar unmöglich. Ratsam ist es in diesen Fällen, zunächst eine Regelung innerhalb der Familie zu finden. Dazu kann es hilfreich sein, in das Land zu reisen, in dem das Kind sich befindet, um mit dem entführenden Elternteil zu sprechen bzw. sonstigen wichtigen Familienmitgliedern.

i Achtung!
Die Reise in ein fremdes Land kann Gefahren bergen, insbesondere wenn keine Unterstützung vor Ort vorhanden ist. In einigen Ländern des islamischen Rechtskreises bedürfen Ehefrauen, auch wenn sie die deutsche Staatsbürgerschaft besitzen, einer Ausreiseerlaubnis ihres Ehemannes. Andernfalls dürfen sie das Land nicht verlassen!

Die Reise in das Land, in dem sich das Kind befindet sollte daher gut überlegt und gut vorbereitet werden. Vorab sollte man sich über die Ein- und Ausreisebestimmungen sowie rechtliche Bedingungen informieren.

Tipp!
Wenden Sie sich an die Deutschen Botschaften in den jeweiligen Ländern, um die notwendigen Informationen zu erhalten.

2. Umzug ins Ausland geplant – was nun?

Möchte ein Elternteil mit dem gemeinsamen Kind, welches er betreut, ins Ausland ziehen und ist der andere mitsorgeberechtigte Elternteil damit nicht einverstanden, muss der auswanderungswillige Elternteil beim Familiengericht einen Antrag auf Übertragung des Aufenthaltsbestimmungsrecht oder sogar des alleinigen Sorgerechts stellen. In solchen Fällen stehen sich zwei unterschiedene Interessenlagen gegenüber. Die Handlungsfreiheit des ausreisewilligen Elternteils und das Interesse des anderen Elternteils die Bindung zu seinem Kind weiterhin aufrecht zu erhalten. Mit seiner Entscheidung vom 28.4.2010 (AZ: XII ZB 81/09) hat der BGH bestätigt, dass der Wille des ausreisewilligen, das Kind betreuenden Elternteils grundsätzlich anzuerkennen ist. Maßstab der Entscheidung ist und bleibt das Kindeswohl. Die persönlichen und beruflichen Motive für die Auswanderung darf das Gericht nicht überprüfen, da der Auswanderungswunsch als Ausdruck einer persönlichen Lebensentscheidung vom Gericht zu respektieren ist. Das Gericht muss vielmehr prüfen, ob die Auswanderung mit dem Kindeswohl vereinbar ist. Ist das Auswanderungsvorhaben offensichtlich unvernünftig und mit schädlichen Folgen für das Kind verbunden, kann das Gericht dem im Inland verbleibenden Elternteil sogar die alleinige elterliche Sorge übertragen. Das Gericht spricht in diesen Fällen dem Auswanderungswilligen die Erziehungseignung ab. Gegen eine Auswanderung spricht dagegen nicht die Tatsache, dass infolge der Auswanderung der Umgang zwischen Kind und anderem Elternteil wesentlich erschwert wird. Das Familiengericht muss den jeweiligen Einzelfall umfassend prüfen und die betroffenen Kindeswohlbelange ermitteln. Zu überprüfen ist, wie intensiv die Bindungen des Kindes zu beiden Elternteilen sind und welche Qualität die Bindung zu den Eltern hat. Zu ermitteln ist ebenfalls, wie sich die veränderte Situation auf den Kontakt des Kindes zum anderen Elternteil auswirkt und in welchem

Umfang der Kontakt aufrechterhalten werden kann. Von Bedeutung ist ferner, in welchem Umfang für das Kind durch die Auswanderung Umstellungen in seiner Lebenssituation verbunden sind und ob die hiermit einhergehenden Anforderungen von dem Kind ohne bleibende Defizite zu bewältigen sind. Letztendlich ist immer zu prüfen, ob die Auswanderung dem Kindeswohl dient oder das Kind besser im Inland beim anderen Elternteil verbleibt.

Tipp!

Vor einem einvernehmlichen Umzug ins Ausland unbedingt das (schriftliche) Einverständnis des mitsorgeberechtigten Elternteils rechtzeitig einholen lassen.

Der in der Bundesrepublik Deutschland verbleibende Elternteil kann, wenn bestimmte Tatsachen die Annahme begründen, dass der andere Elternteil beabsichtigt, Deutschland mit dem Kind zu verlassen, beim Familiengericht im Wege der einstweiligen Anordnung, daher einem Eilverfahren, beantragen, dass

- ihm das alleinige Sorgerecht/Aufenthaltsbestimmungsrecht übertragen wird,

- dem anderen Elternteil untersagt wird, ohne Zustimmung des Gerichts mit dem Kind den tatsächlichen Aufenthalt zu wechseln,

- dem anderen Elternteil aufgegeben wird, den Reisepass des Kindes herauszugeben,

- veranlasst wird, eine Grenzfahndung auszuschreiben für die sog. Schengen-Staaten,

Merke!

Diese Länder sind Mitglieder des Schengener Abkommens:

Deutschland, Belgien, Dänemark, Estland, Finnland, Frankreich, Griechenland, Island, Italien, Lettland, Liechtenstein, Litauen, Luxemburg, Malta, Niederlande, Norwegen, Österreich, Polen, Portugal, Schweden, Schweiz, Slowakei, Slowenien, Spanien, Tschechische Republik und Ungarn.

Tipp!

Die Grenzsperre durch Ausschreibung zur Grenzfahndung wird vom Bundespolizeipräsidium auf Ersuchen des Amtsgerichts vorgenommen. Das Bundespolizeipräsidium befindet sich in 14473 Potsdam, Heinrich-Mann-Allee 103.

Diese vorläufigen Maßnahmen verhindern, dass der auswanderungswillige Elternteil mit dem Kind das Land verlässt, bis eine endgültige gerichtliche Entscheidung getroffen wird.

Tipp!

In den oben beschriebenen gerichtlichen Verfahren besteht kein Anwaltszwang. Die Verfahren sollten aufgrund ihrer rechtlichen Komplexität jedoch nicht ohne anwaltliche Unterstützung durchgeführt werden.

Umgangsrecht (Komm ich nicht heute, komme ich morgen)

I. Allgemeines

Das Umgangsrecht beschreibt den Anspruch auf Umgang eines minderjährigen Kindes mit seinen Eltern und jedes Elternteils mit dem Kind, sowie auch das Recht Dritter auf Umgang mit dem Kind beziehungsweise des Kindes mit Dritten. Das Umgangsrecht ist Ausdruck fortbestehender elterlicher Verantwortung und das wichtigste Instrument zur Aufrechterhaltung der Eltern-Kind-Bindung. Es erlangt dann praktische Bedeutung, wenn die Eltern getrennt leben bzw. wenn das Kind weder bei der Mutter noch beim Vater lebt. Das Umgangsrecht ist als Recht des Kindes konzipiert.

II. Wer darf Umgang haben?

1. Kreis der Umgangsberechtigten

a) Eltern

Nach § 1684 Abs. 1, 2. Hs. BGB ist das Umgangsrecht als Recht und Pflicht der Eltern ausgestaltet. Eltern im Sinne der Vorschrift sind die gesetzlichen Eltern.

Achtung!
Dem leiblichen, nicht rechtlichen Vater, steht ein Umgangsrecht unter gewissen Voraussetzungen nach anderen Rechtsvorschriften zu.

Das Umgangsrecht soll dem Elternteil, bei dem das Kind nicht lebt, die Möglichkeit geben, sich selbst von der Entwicklung des Kindes überzeugen zu können. Das Umgangsrecht soll einer Entfremdung vorbeugen. Wem das Sorgerecht zusteht, ist dabei unerheblich. Das Sorge- und Umgangsrecht sind unabhängig voneinander ausgestaltet.

i

Achtung!

Es kommt häufig vor, dass der alleinsorgeberechtigte Elternteil meint, dem anderen, nichtsorgeberechtigten Elternteil stehe mangels Sorgerecht auch kein Umgangsrecht zu! Dies ist ein Irrtum.

Eine Unterscheidung zwischen ehelichen und nichtehelichen Kindern findet ebenfalls nicht statt.

b) Großeltern und Geschwister

Im Zuge von Trennungen und Scheidungen kommt es häufig auch zum Abbruch von gewachsenen Bindungen zu anderen Bezugspersonen als den Eltern. Vor diesem Hintergrund hat der Gesetzgeber mit der Kindschaftsrechtsreform am 1.7.1998 ein Umgangsrecht für nicht elterliche Bezugspersonen eingeführt (§ 1685 BGB). Neben den Eltern steht den Großeltern und Geschwistern ein Umgangsrecht zu (§ 1685 Abs. 1 BGB). Halb- und Adoptivgeschwister steht ebenfalls ein Umgangsrecht nach § 1685 Abs. 1 BGB zu. Durch das Gesetz zur Eingetragenen Lebenspartnerschaft (LPartG) vom 16.2.2001 wurde der Kreis der Bezugspersonen um Lebenspartner oder frühere Lebenspartner erweitert.

Großeltern und Geschwister haben bereits immer dann ein Recht auf Umgang mit dem Kind, wenn dies dem Kindeswohl dient. Bestanden in der Vergangenheit bereits gute und intensive Beziehungen zwischen Großeltern und Enkeln, dient der Umgang des Kindes mit den Großeltern regelmäßig seinem Wohl. Bestand hingegen keine Bindung, kommt ein Umgang nur in Betracht, wenn dieser für die Entwicklung des Kindes förderlich ist.

🔍

Überforderung des Kindes bei Umgang mit den Großeltern:

Der Vater übt nach der Trennung von seiner Ehefrau ein regelmäßiges Umgangsrecht mit seinem fünfjährigen Kind aus. Im Rahmen der regelmäßigen Kontakte ermöglicht der Vater seinen Eltern auch Kontakt mit ihrem Enkelkind. In diesem Fall kann

94

ein eigenes Umgangsrecht der Großeltern eine Überforderung des Kindes darstellen.

Das Umgangsrecht der Großeltern kann – trotz anders lautendem Wunsch des Kindes – ausgeschlossen sein, wenn das persönliche Verhältnis der Großeltern zu den Kindeltern so tief zerrüttet ist, dass es den Beteiligten nicht gelingt miteinander in angemessener Art und Weise umzugehen.

c) Enge Bezugspersonen

Umgangsberechtigt sind nach § 1685 Abs. 2 BGB Bezugspersonen des Kindes, die für das Kind tatsächliche Verantwortung tragen oder getragen haben (sozial-familiäre Beziehung).

Sozial-familiäre Beziehung:
Eine solche liegt nur dann vor, wenn der Umgangsberechtigte zumindest eine Zeitlang tatsächlich Verantwortung für das Kind übernommen hat und daraus zwischen ihm und dem Kind eine soziale Beziehung entstanden ist.

Die tatsächliche Übernahme von Verantwortung wird i.d.R. angenommen, wenn die Person mit dem Kind längere Zeit in häuslicher Gemeinschaft gelebt hat. Zu dem umgangsberechtigten Personenkreis gehören demnach Pflege- und Stiefeltern sowie Stiefgeschwister. Besteht eine sozial-familiäre Beziehung können auch Onkel, Tanten, Nichten und Neffen, Cousins und Cousinen, Nachbarn und Freunde ebenfalls umgangsberechtigt sein. Weiter die Lebenspartnerin, die nicht Mutter eines in der Partnerschaft geborenen Kindes ist und heterosexuelle und nicht registrierte gleichgeschlechtliche (frühere) Lebenspartner eines Elternteils.

Merke!
Weitere Voraussetzung für ein Umgangsrecht von engen Bezugspersonen ist zudem, dass dieses dem Kindeswohl dient.

d) Biologischer Vater

Zu unterscheiden ist, ob zwischen dem biologischen, aber nicht rechtlichen Vater und dem Kind eine sozial-familiäre Beziehung besteht oder bestanden hat. Bei Bestehen einer solchen Beziehung leitet sich das Umgangsrecht aus § 1685 Abs. 2 BGB ab. Bei Fehlen einer sozial-familiären Beziehung kann der biologische Vater eines Kindes, das einen anderen rechtlichen Vater hat, sein Umgangsrecht auf § 1686a BGB stützen. Danach hat der leibliche, aber nicht rechtliche Vater eines Kindes ein Recht auf Umgang, wenn er ernsthaftes Interesse an dem Kind gezeigt hat und der Umgang dem Kindeswohl dient.

Tipp!

Ein ernsthaftes Interesse wird angenommen, wenn der leibliche Vater die Mutter zu den Vorsorgeuntersuchungen oder zur Entbindung begleitet, das Kind unmittelbar nach der Geburt kennenlernt und sich um Kontakte mit dem Kind bemüht.

§ 1686a BGB wurde durch das am 13.7.2013 in Kraft getretene Gesetz zur Stärkung der Rechte des leiblichen Vaters eingeführt. Hintergrund der Einführung waren zwei Entscheidungen des EGMR. Der Europäische Gerichtshof für Menschenrechte entschied, dass die Entscheidungen der deutschen Gerichte, dem biologischen Vater den Umgang mit seinem leiblichen Kind deshalb zu verwehren, weil das Kind bei der Mutter in einer intakten Ehe mit einem anderen Mann aufwächst, einen Eingriff in das Elternrecht des leiblichen Vaters darstellen.

Ist die Vaterschaft streitig und besteht keine andere rechtliche Vaterschaft, erhält der biologische Vater Umgang bei Fehlen einer sozial-familiären Beziehung nur, wenn zunächst ein Vaterschaftsfeststellungsverfahren durchgeführt wird.

2. Verhaltenspflichten der Umgangsberechtigten

Eltern sowie die sonstigen, umgangsberechtigten Personen haben alles zu unterlassen, was das Verhältnis des Kindes zum anderen Elternteil oder den sonstigen, umgangsberechtigten Personen beeinträchtigt oder die Erziehung erschwert, **sog. Wohlverhaltensklausel** (§ 1684 Abs. 2 BGB). Von verantwortungsbewussten Eltern wird gefordert, dass sie die Umgangskontakte zum jeweils anderen Elternteil aktiv fördern. Eltern sind gehalten, ihre persönlichen Spannungen und Differenzen, die insbesondere aufgrund des Scheiterns einer Beziehung entstehen können, aus dem Umgang mit dem Kind herauszuhalten. Der umgangsberechtigte Elternteil darf die Erziehung des anderen Elternteils nicht vereiteln oder beeinträchtigen bzw. die Umgänge nutzen, um das Kind gegen den anderen Elternteil aufzuhetzen.

Verstoß gegen Wohlverhaltensklausel:

- Der umgangsberechtigte Vater bringt seine Tochter während seiner Umgangstage zu Ärzten und Psychologen, um in einem Sorgerechtsstreit Argumente zu sammeln und um die Erziehungseignung des anderen Elternteils in Frage zu stellen.

- Die alleinsorgeberechtigte Mutter zieht mit ihrem Sohn von Stuttgart nach Flensburg. Sie verschweigt dem umgangsberechtigten Kindsvater den Umzug und teilt ihm die neue Wohnadresse nicht mit. Das Umgangsrecht des Kindsvaters war der Kindsmutter seit der Trennung von demselben ein Dorn im Auge. Der heimliche Umzug dient allein der Vereitelung des Umganges.

Sehr oft wünschen sich Kinder Kontakt mit dem anderen Elternteil, geraten jedoch in einen Loyalitätskonflikt gegenüber dem Elternteil, bei dem sie leben, da sie merken, dass dieser den Umgang zum anderen Elternteil nicht gut heißt und lehnen aus diesem Grund den Umgang dann ab. Dies stellt eine enorme Belastung für die Kinder dar.

Tipp!

Nehmen Sie die zahlreichen Beratungsangebote bei den Jugendämtern oder sonstigen Stellen wahr, um mit Konflikten beim Umgang umgehen zu lernen. Ggf. ist es zudem sinnvoll, therapeutische Hilfe für sich oder das Kind, u.U. unter Einbeziehung des anderen Elternteils, in Anspruch zu nehmen.

Achtung!

Eine länger andauernde, grundlose Verweigerung des Umgangsrechts kann Zweifel an der Erziehungseignung des das Kind betreuenden Elternteils aufkommen lassen und in extremen Fällen den Entzug des Sorgerechts nach sich ziehen!

III. Wie viel Umgang ist zu gewähren?

Inhaltliche Ausgestaltung des Umgangsrechts:

Nachdem sich V und M getrennt haben, begehrt V Umgang mit den beiden 9-jährigen Zwillingen. Um für die Kinder die Trennung der Eltern so schonend wie möglich zu gestalten, möchte V weiterhin einen großen Anteil am täglichen Leben seiner Kinder haben. Aus diesem Grund bezieht er eine Wohnung, die lediglich fünf Minuten von seinen Kindern entfernt ist. Er bietet M an, die Kinder jeden Mittwoch von der Schule abzuholen und sie am nächsten Tag wieder in die Schule zu bringen. Zusätzlich sollen die Kinder alle zwei Wochen von Freitag nach Schulschluss bis Montagmorgen bei ihm verbringen. M hingegen stellt sich auf den Standpunkt, dass das Gesetz lediglich ein Umgangsrecht an jedem zweiten Wochenende von Samstag bis Sonntag vorsieht. Die Feiertage werden natürlich nur mit ihr verbracht und ein Ferienumgang komme sowieso nicht Betracht.

1. Dauer und Häufigkeit

Viele Eltern denken, dass das Gesetz zur Dauer und Häufigkeit des Umganges starre Regelungen vorsieht. Dies ist jedoch ein weit verbreiteter Irrtum. Es gibt keine gesetzliche Regelung welche festlegt, wie häufig der Umgang ausgeübt werden darf. Der Umfang orientiert sich – unter Berücksichtigung des Kindeswohls – am Alter des Kindes und den Umständen des Einzelfalles. Dabei spielen das Alter, der Gesundheits- und Entwicklungszustand des Kindes, sowie dessen Wille eine entscheidende Rolle. Eine wesentliche Rolle bei der Festlegung des Umganges spielt zudem die Entfernung zwischen dem Wohnort des Kindes und dem der Umgangsberechtigten. Wohnen die Eltern in zwei verschiedenen, weit entfernten Städten, kann der Umgang stärker auf die Ferienzeit oder lange Wochenenden verlagert werden, da es einem Kind nicht zuzumuten ist, alle zwei Wochen weite Strecken zu fahren. In diesen Fällen wird die Übergangszeit durch häufigen Telefonkontakt überbrückt. Ob kürzere oder längere Abstände zwischen den Umgängen kindgerecht sind, hängt vom jeweiligen Einzelfall ab. Für Kleinkinder, bei denen eine Übernachtung nicht immer in Betracht kommt, werden kürzere Abstände zwischen den Umgängen empfohlen. Die Häufigkeit der Umgänge hängt auch davon ab, wie intensiv der Kontakt des Umgangsberechtigten mit dem Kind in der Vergangenheit war. Grundsätzlich spricht auch nichts gegen Übernachtungen. Früher lehnten die Gerichte Übernachtungen von Kindern im Vorschulalter i.d.R. ab. Eine generelle Altersgrenze für Übernachtungen gibt es jedoch nicht.

Jede gerichtliche Entscheidung zum Umgangsrecht ist von den Umständen des konkreten Einzelfalls abhängig. In einem gerichtlichen Umgangsverfahren spielen viele Faktoren, wie z.b. Wille des Kindes, Lebenssituation der Eltern, Wertungsmaßstäbe des Gerichts, eine Rolle, sodass die in diesem Ratgeber aufgezeigten Modalitäten des Umganges nur eine Richtschnur darstellen können.

2. Ferien- und Feiertagsregelungen

a) Ferienregelungen

Ferienregelungen entsprechen grundsätzlich dem Kindeswohl. Vorbehaltlich einer anderen Vereinbarung überlagert die Ferienregelung einen periodisch stattfindenden Umgang. Sofern das Kind eine längere Trennung von seiner Hauptbezugsperson – dem betreuenden Elternteil – verkraftet, gehört ein mehrwöchiges Ferienumgangsrecht zusätzlich zum periodischen Umgang, dazu. Ein längerer Ferienumgang dient der Normalisierung der Beziehung zwischen Umgangsberechtigtem und Kind. Das Kind hat die Chance, während eines längeren Zeitraumes am „Alltagsleben" des Umgangsberechtigten teilzunehmen. Bei Jugendlichen ist zu beachten, dass diese ihre Ferien mit ihren Freunden verbringen wollen. Ein starres Beharren des Umgangsberechtigten auf eine mit dem anderen Elternteil getroffene Ferienregelung belastet das Verhältnis zwischen Umgangsberechtigtem und Kind.

Tipp!
Je älter die Kinder werden, desto mehr sind deren Wünsche in die Ferienplanung der Eltern mit einzubeziehen.

Merke!
Üblicherweise erhält der Umgangsberechtigte die Hälfte der Schulferien.

Der Umgangsberechtigte kann grundsätzlich den Ort des Ferienumganges festlegen. Er darf das Kind auch auf Reisen ins europäische Ausland mitnehmen. Ob hierfür die Zustimmung des anderen Elternteils erforderlich ist, wird in der Rechtsprechung unterschiedlich gehandhabt. Es kommt darauf an, ob es sich bei einer Reise ins europäische Ausland um eine Alltagsangelegenheit oder eine Angelegenheit von erheblicher Bedeutung handelt. Die Reise eines 11-jährigen Kindes nach China wurde nicht als Angelegenheit von erheblicher Bedeutung angesehen, nachdem die Familie mit dem chinesischen Kulturkreis vertraut war (OLG Karlsruhe, Beschluss vom 23.12.2004, AZ: 16 UF 156/04). Die Zustimmung des anderen Elternteils für die Reise war nicht erforderlich. Andere Gericht dagegen halten Reisen immer für zustimmungsbedürftig.

Tipp!

Bevor eine Reise ins Ausland gebucht wird, immer mit dem anderen Elternteil vorher absprechen, ob dieser damit einverstanden ist.

b) Feiertagsregelungen

Dem Umgangsberechtigten muss die Möglichkeit eingeräumt werden, besondere Tage mit dem Kind gemeinsam zu verbringen. Hierzu zählen Weihnachten und Silvester, Ostern und Pfingsten bzw. hohe Feiertage anderer Religionen sowie Geburtstage. Diese Tage nehmen eine besondere Stellung im Ablauf des Jahres ein. Es wäre ungerecht, dem Umgangsberechtigten die Möglichkeit zu nehmen, an diesen für die emotionale Seite der Eltern-Kind-Beziehung wichtigen Tagen, Zeit mit dem Kind zu verbringen. In der Rechtsprechung hat sich folgende Regelung herausgebildet:

Geburtstage, Heiligabend, 1. Weihnachtsfeiertag und Ostersonntag werden bei dem Elternteil gefeiert, bei dem das Kind lebt. Der Umgangsberechtigte erhält den 2. Weihnachtsfeiertag und den Ostermontag als Besuchstag.

Tipp!

Nehmen Eltern ihre Verantwortung gemeinsam wahr, bietet sich ein jährlicher Wechsel dergestalt an, dass in einem Jahr Weihnachten bei der Mutter und Ostern beim Vater verbracht und im nächsten Jahr gewechselt wird.

Kommunion und Konfirmation bzw. andere individuelle Feiertage werden beim betreuenden Elternteil gefeiert. Der Umgangsberechtigte hat insoweit einen Anspruch darauf an der kirchlichen Feier teilzunehmen, nicht jedoch an der anschließenden Feier im Familienkreis des betreuenden Elternteils.

3. Ausgefallene Besuche

Es kommt vor, dass der Umgang, z.B. wegen Erkrankung des Kindes oder des umgangsberechtigten Elternteils, wichtige Termine des Kindes (z.B. Sportverein) nicht stattfinden kann. Es sollte eine Möglichkeit gefunden werden, den ausgefallenen Umgang zeitnah nachzuholen.

Tipp!
Fällt ein Umgangswochenende aus, wird i.d.R. so verfahren, dass am darauffolgenden Wochenende der Umgang nachgeholt wird, ohne dass sich der Rhythmus ändert.

4. Modalitäten des Umgangs

Da es Sache des Umgangsberechtigten ist, den Ort des Umganges zu bestimmen, ist es auch seine Aufgabe, das Kind abzuholen und zurückzubringen. Der betreuende Elternteil hat sich grundsätzlich nicht daran zu beteiligen. Diese Grundsätze gelten nicht, wenn ohne die Mitwirkung des betreuenden Elternteils der Umgang faktisch vereitelt werden würde.

Mitwirkungsverpflichtung des betreuenden Elternteils:
Wohnen der Umgangsberechtigte und das Kind weit voneinander entfernt und ist der mit dem Holen und Bringen des Kindes verbundene Aufwand für den Umgangsberechtigten unzumutbar, z.B. aus finanziellen Gründen, kann vom betreuenden Elternteil eine Mitwirkung beim Transport geboten sein.

Der betreuende Elternteil hat das Kind zu den festgelegten Abholzeiten mit den notwendigen Sachen, wie z.B. Kleidung oder Medikamenten, bereit zu halten.

i Achtung!

Wenn der Umgangsberechtigte für sein Umgangswochenende z.B. eine Freizeitaktivität plant, für welche besondere Kleidung für die Kinder erforderlich ist, sollte er das vorher dem betreuenden Elternteil mitteilen, damit dieser für die Kinder geeignete Kleidung einpacken kann.

Einem möglichen Widerstand des Kindes gegen den Umgang muss der betreuende Elternteil mit geeigneten Maßnahmen entgegenwirken.

5. Telefon- und Briefkontakte, Geschenke

Das Umgangsrecht umfasst neben dem persönlichen, auch den telefonischen und schriftlichen Kontakt mit dem Kind. Vor allem bei größeren Entfernungen soll der telefonische oder schriftliche Austausch mit dem Kind einer Entfremdung vorbeugen.

i Achtung!

Telefonkontakte dürfen nicht zur Kontrolle des betreuenden Elternteils ausgenutzt werden.

Geschenke sind selbstverständlich im Rahmen des Üblichen erlaubt. Was üblich ist, richtet sich nach den jeweiligen Lebensverhältnissen. Sie dürfen allerdings nicht durch ein Übermaß dazu führen, dass die Erziehung des Sorgeberechtigten durchkreuzt wird.

6. Einbeziehung Dritter

Neue Partner:

Nach der Scheidung seiner Eltern lebt das Kind K bei seiner Mutter M. Sein Vater V übt regelmäßig sein Umgangsrecht mit K aus. V ist bereits kurz nach der Trennung eine neue Beziehung mit G eingegangen. Sie versteht sich gut mit K. Als V und G zusammenziehen, verbietet ihm M, K über das Wochenende zu sich zu nehmen, da sie einen schlechten Einfluss der neuen Partnerin auf das Kind befürchtet.

Dem Umgangsberechtigten steht es frei zu entscheiden, ob und wann dritte Personen während seiner Umgangszeiten anwesend sind. Der

Umgangsberechtigte kann beurteilen, ob der Umgang mit dem Kindeswohl zu vereinbaren ist. Derjenige, bei dem das Kind lebt, kann somit dem Umgangsberechtigten nicht vorschreiben, mit welchen Personen das Kind Umgang haben darf oder nicht. Die Einbeziehung Dritter soll jedoch nicht dazu führen, dass der Umgangsberechtigte keine Zeit mehr mit dem Kind verbringt und das Kind Dritten überlässt.

IV. Umgangsvereinbarung

Die Ausgestaltung des Umgangsrechts ist zuvörderst Aufgabe der Eltern. Sind sich die Eltern einig, ist alles möglich. Nur wenn die Eltern sich über den Umgang nicht einig werden bzw. das Kindeswohl dies erfordert, bedarf es einer gerichtlichen Regelung.

Tipp!

Wenn zum Umgang mit den Kindern keine einvernehmliche Regelung auf der Elternebene möglich erscheint, sollte man unverzüglich das Jugendamt einschalten. Nach dem Kinder- und Jugendhilfegesetz haben Eltern minderjähriger Kinder Anspruch auf kostenlose Beratung in Fragen der Partnerschaft, Trennung und Scheidung (§ 17 SGB VIII). Das Jugendamt versucht zwischen den Eltern zu vermitteln, um eine Vereinbarung zu erreichen.

Eine außergerichtlich erarbeitete Umgangsvereinbarung kann in einem späteren Gerichtsverfahren Indizwirkung haben. Das Familiengericht wird prüfen, weshalb an der ursprünglichen Vereinbarung nicht weiter festgehalten werden kann.

Checkliste zur Erarbeitung einer Umgangsvereinbarung

☐ *Je nach Alter des Kindes, auch dessen Wünsche mitberücksichtigen.*

☐ *Eigene Befindlichkeiten zurückstellen.*

☐ *Besucht das Kind eine Einrichtung (Kindergarten, Schule, Hort etc.), Abholungen und Rückgaben nach Möglichkeit dort stattfinden lassen, damit die Eltern nicht so häufig aufeinandertreffen.*

☐ *So viel Umgang wie möglich stattfinden lassen. Kinder werden i.d.R. nicht durch den Umgang belastet, sondern durch die Trennung vom anderen Elternteil.*

□ *Nicht nur Wochenenden, sondern auch Ferien und Feiertage sowie Geburtstage regeln. Das Kind soll die Möglichkeit haben, den Umgangsberechtigten über einen längeren Zeitraum und an besonderen Tagen zu erleben.*

□ *Freizeitaktivitäten des Kindes bei der Umgangsplanung berücksichtigen, indem der umgangsberechtigte Elternteil in der Weise daran beteiligt wird, dass er das Kind, z.B. zum Fußballtraining bringt und im Anschluss nach Hause.*

□ *Umgangsausfälle regeln, unabhängig davon, wer den Termin absagen muss.*

□ *Großeltern und andere Bezugspersonen bei der Planung nicht vergessen.*

□ *Beratungsangebote wahrnehmen und ggf. mit Hilfe von Beratungsstellen oder einer Mediation eine Vereinbarung erarbeiten, bevor der Umgang gerichtlich geregelt werden muss.*

Muster: Umgangsvereinbarung

Umgangsvereinbarung

zwischen

Frau ..., (Adresse)

– nachstehend „Mutter" genannt –

und

Herrn ..., (Adresse)

– nachstehend „Vater" genannt –

Vorwort

Die Vertragsschließenden sind Eltern des Kindes (Name), geb. am (Datum). Die elterliche Sorge wird gemeinsam ausgeübt.

Umgangsrecht

Wir sind uns darüber einig, dass das Umgangsrecht unseres Kindes wie folgt ausgeübt werden soll:

Der Vater nimmt unser Kind alle 14 Tage von Freitagabend 18.00 Uhr bis Sonntagabend 18.00 Uhr zu sich. Er holt das Kind bei der Mutter ab. Diese gibt dem Vater ausreichend Bekleidung für das Wochenende mit. Das erste Mal findet das Umgangsrecht am Wochenende vom (Datum) bis (Datum) statt.

Die Schulferien werden hälftig geteilt (z.B. jeweils immer 1. oder immer 2. Ferienhälfte bei Mutter/Vater).

Alternativ: in geraden Kalenderjahren – immer 1. Ferienhälfte bei Mutter/Vater und in ungeraden Kalenderjahren – immer 2. Ferienhälfte bei Mutter/Vater.

Die Weihnachts-, Pfingst- und Osterfeiertage teilen wir wie folgt:

Weihnachten in geraden Kalenderjahren, den 24.12. bei Mutter/Vater, den 25. und 26.12. sowie Silvester und Neujahr bei Mutter/Vater. In ungeraden Kalenderjahren, den 24.12. bei der Mutter/Vater, den 25. und 26.12. sowie Silvester bei Mutter/Vater

In geraden/ungeraden Kalenderjahren Ostern – immer bei Mutter/Vater und Pfingsten bei Mutter/Vater.

....
(Ort, Datum)   (Ort, Datum)

....
(Unterschrift)   (Unterschrift)

V. Wechselmodell

Wechselmodell

§

Das Wechselmodell bezeichnet eine Regelung zur Betreuung gemeinsamer Kinder, wenn diese nach der Trennung ihrer Eltern in beiden Haushalten zeitlich gleichwertig betreut werden. Das Kind hält sich abwechselnd bei beiden Elternteilen auf.

Das Wechselmodell ist keine Frage des Sorge-, sondern des Umgangsrechts. Nach der Rechtsprechung des BGH liegt ein Wechselmodell vor, wenn jeder Elternteil etwa die Hälfte der Erziehungs- und Versorgungsaufgaben wahrnimmt. Es muss eine gleichwertige Aufteilung der Anwesenheitszeiten des Kindes bei den Eltern vorliegen.

i **Achtung!**
Das Vorliegen eines Wechselmodells wurde vom BGH verneint, wenn der Vater das Kind an sechs von 14 Tagen betreut (BGH, Beschluss vom 5.11.2014, AZ: XII ZB 599/13).

Nach überwiegender Rechtsprechung ist die Anordnung eines Wechselmodells gegen den Willen der Eltern nicht möglich. Es kann vielmehr nur einvernehmlich von den Eltern begründet werden, da es bei diesem Modell entscheidend auf ein einvernehmliches Zusammenwirken der Eltern ankommt. Das Wechselmodell kann somit scheitern, wenn es von einem Elternteil abgelehnt wird.

i **Achtung!**
Vereinzelt haben Familiengerichte auch gegen den Willen eines Elternteils das Wechselmodell angeordnet. Hintergrund der Entscheidungen war, dass die Eltern in der Vergangenheit bereits das Wechselmodell ausgeübt hatten und das Kindeswohl weiter die Ausübung des Wechselmodells erfordert.

Die weitere Entwicklung in der Rechtsprechung bleibt abzuwarten. Bei einem Wechselmodell können sowohl Mutter als auch Vater weiterhin am Alltagsleben des Kindes teilhaben. Das Kind erlebt, trotz Trennung der Eltern, diese weiterhin als „vollwertige" Elternteile. Eltern müssen sich bewusst sein, dass die Ausübung des Wechselmodells ein hohes Maß an Kompromiss- und Kommunikationsbereitschaft erfordert. Andernfalls droht das Kind unter dem andauernden Elternkonflikt zu leiden.

Q **Elternkonflikt:**
Vater V und Mutter M haben eine achtjährige Tochter K. Verheiratet sind sie nicht. Sie üben die elterliche Sorge gemeinsam aus. Nach der Trennung richten V und M ein Wechselmodell dergestalt ein, dass K eine Woche beim Vater und eine Woche bei der Mutter verbringt. Obwohl V und M sich nach der Trennung überhaupt nicht verstehen und nichts miteinander zu tun haben wollen, denken sie, dass das Wechselmodell das Beste für ihr Kind ist. Da die Eltern nicht miteinander kommunizieren, kommt es immer häufiger vor, dass K beim Wechsel in den jeweils anderen Haushalt nicht genügend Kleidung dabei hat, Hausaufgaben mangels Information nicht erledigt und Arzttermine nicht wahrgenommen

werden. Die Eltern benutzen die achtjährige K als Sprachrohr und verlangen von ihr, dem jeweils anderen Elternteil die notwendigen Informationen zu überbringen. K leidet unter dieser Situation massiv. Sie wird immer öfter krank. Auch ihre schulischen Leistungen verschlechtern sich.

Wollen die Eltern ein Wechselmodel praktizieren, müssen sie sich darüber im Klaren sein, dass die Bedürfnisse des Kindes oberste Priorität haben. Zudem muss das Kind das Wechselmodell auch wollen. Die Eltern müssen auch akzeptieren, dass das Kind zu einem späteren Zeitpunkt ggf. das Wechselmodell nicht mehr will.

Achtung!

Eine andere Form des Wechselmodells ist das sog. **Nestmodell**. Beim Nestmodell lebt das Kind dauerhaft in einer Wohnung und die Eltern betreuen das Kind dort abwechselnd. Bei diesem Modell wechselt daher nicht das Kind zwischen den jeweiligen Haushalten, sondern die Eltern!

Muster: Wechselmodell

Elternvereinbarung

zwischen

Frau ..., (Adresse)

– nachstehend „Mutter" genannt –

und

Herrn ..., (Adresse)

– nachstehend „Vater" genannt –

Vorwort

Die Vertragsschließenden sind verheiratete Ehegatten und leben seit dem (Datum) getrennt. Aus unserer Ehe sind die Kinder (Name), geb. am (Datum) und (Name), geb. am (Datum) hervorgegangen.

1. Wir sind uns über das Fortbestehen der gemeinsamen elterlichen Sorge einig.

2. Wir sind uns darüber einig, dass die Kinder sich im wöchentlichen Abstand, jeweils beginnend mit Montag nach Schulschluss, abwechselnd bei der Mutter oder beim Vater aufhalten werden. Derjenige Elternteil, bei dem die Kinder in der nächsten Woche wohnen, holt die Kinder von der Schule ab.

In den Schulferien holt der jeweils berechtigte Elternteil die Kinder am Sonntag, 18:00 Uhr, von der Wohnung des anderen Elternteils ab.

Die Kindergeburtstage werden bei demjenigen Elternteil verbracht, bei dem sich die Kinder aufhalten.

Über die hohen Feiertage (Weihnachten, Ostern, Pfingsten) werden wir eine gesonderte Vereinbarung treffen.

3. Wir sind uns darüber einig, dass die Mutter für das Kindergeld bezugsberechtigt ist und das hälftige Kindergeld monatlich an den Vater überweist. Über die Verpflegung und Wohnung hinausgehende Unterhaltskosten, z.B. Kleidung, Freizeit, Taschengeld etc., werden jeweils hälftig geteilt. Wir stellen uns darüber hinaus wechselseitig von etwaigen Barunterhaltsansprüchen der Kinder frei. Wir sind uns darüber bewusst, dass die Freistellung die gesetzlich bestehenden Unterhaltsansprüche unserer Kinder nicht berührt.

Der Vater erklärt sich damit einverstanden, dass die Mutter die Steuerklasse 2 wählt.

4. Wir verpflichten uns wechselseitig alles zu unterlassen, was das Verhältnis zum anderen Elternteil beeinträchtigt oder erschwert. Wir verpflichten uns zudem wechselseitig im Beisein der Kinder uns nicht negativ über den jeweils anderen zu äußern.

....

(Ort, Datum)   (Ort, Datum)

....

(Unterschrift)   (Unterschrift)

VI. Ausschluss/Einschränkung des Umgangsrechts

Das Umgangsrecht kann durch das Familiengericht eingeschränkt oder ausgeschlossen werden, wenn dies zum Wohl des Kindes erforderlich ist (§ 1684 Abs. 1 S. 1 BGB). Nur wenn eine Kindeswohlgefährdung zu befürchten ist, darf das Umgangsrecht für längere Zeit oder auf Dauer eingeschränkt oder ausgeschlossen werden. Da dies aber nur in extremen Ausnahmefällen möglich ist, müssen zunächst weniger einschneidende Maßnahmen geprüft werden. In Betracht kommt ein sog. **begleiteter Umgang**.

Begleiteter Umgang:

Das Kind ist aufgrund der Trennung seiner Eltern derart traumatisiert, dass es sich weigert, den aus der Wohnung ausgezogenen Vater zu sehen. Der Kontakt zwischen Vater und Kind bricht daraufhin ab. Nach einem Jahr begehrt der Vater Umgang mit dem Kind. Um das Kind auf das Zusammentreffen mit dem Vater vorzubereiten, wird der erste Umgangskontakt in den Räumen einer Beratungsstelle unter Aufsicht von Fachpersonal durchgeführt.

In folgenden Fällen ist ein begleiteter Umgang sinnvoll:

- wenn nach längerer Kontaktpause der Kontakt zwischen Eltern und Kind wieder aufgebaut werden soll,

- wenn Kind und Elternteil bisher noch keinen Kontakt hatten und sich gegenseitig kennenlernen möchten,

- wenn wegen Sucht- oder psychiatrischer Erkrankung des umgangsberechtigten Elternteils, Kontakte zum Kind nur in Begleitung möglich sind,

- wenn das Kind bei möglicher Entführungsgefahr beschützt werden soll,

- wenn vor dem Hintergrund von häuslicher Gewalt der Schutz des Kindes während der Umgangskontakte gewährleistet werden soll,

- wenn Kontakte aufgrund eines massiven Elternkonflikts nur durch unabhängige Begleitung ermöglicht werden können,

- wenn Kontakte nur in geschütztem und sicheren Rahmen möglich sind, weil der Verdacht von sexueller Gewalt gegen das Kind besteht.

Beim begleiteten Umgang finden die Umgangskontakte unter Aufsicht und Begleitung einer dritten Person statt. Hierfür kommen Jugendamtsmitarbeiter, Mitarbeiter aus sonstigen Beratungsstellen sowie vertraute Personen in Betracht. Der begleitete Umgang kann auch in den Räumlichkeiten unterstützender Organisationen stattfinden. Das Gesetz regelt zudem die Möglichkeit einer **Umgangspflegschaft**. Die Umgangspflegschaft umfasst das Recht, die Herausgabe des Kindes zum Zwecke des Umgangs zu verlangen und den Aufenthalt des Kindes während des Umgangs zu bestimmen. Das Gericht bestimmt eine dritte Person als Umgangspfleger. Die Umgangspflegschaft ist zeitlich zu befristen.

Erforderlichkeit Umgangspflegschaft:

Die alleinsorgeberechtigte Mutter möchte nicht, dass ihr Sohn seinen Vater sieht. Trotz einer gerichtlichen Umgangsentscheidung weigert sie sich, den gemeinsamen Sohn dem Vater für den Umgang zu übergeben bzw. schiebt Ausreden, z.B. eine Erkrankung des Kindes, vor.

i Achtung!

Massive Umgangsverweigerungen können den Entzug der elterlichen Sorge nach sich ziehen!

Voraussetzung für die Anordnung einer Umgangspflegschaft ist, dass das Kindeswohl andernfalls gefährdet ist und die Eltern nicht in der Lage sind, den Umgang ohne Kindeswohlgefährdung stattfinden zu lassen.

In Ausnahmefällen ist zudem ein kompletter Ausschluss des Umgangsrechts gerechtfertigt und zwar in den Fällen, in denen

- der umgangsberechtigte Elternteil gegen das Kind Gewalt angewandt hat,

- der umgangsberechtigte Elternteil das Kind sexuell missbraucht,

- der umgangsberechtigte Elternteil nicht in der Lage ist, sich während des Umgangs auf das Kind einzustellen, z.B. bei Alkoholsucht,

- das Kind den Umgang aus berechtigten Gründen ablehnt.

Ein kompletter Ausschluss des Umgangsrechts kommt nur bei offensichtlicher Kindeswohlgefährdung in Betracht.

Wird der persönliche Umgang ausgeschlossen ist zu prüfen, ob ein telefonischer Kontakt oder ein Kontakt per E-Mail oder Brief möglich ist, um die Eltern-Kind-Beziehung nicht vollständig abbrechen zu lassen.

110

VII. Wer trägt die Kosten des Umgangs?

Der umgangsberechtigte Elternteil hat die mit dem Umgang verbundenen Kosten allein zu tragen. Es handelt sich hierbei um Fahrt- und Übernachtungs-, Verpflegungskosten sowie Kosten der Freizeitgestaltung. Der andere Elternteil, bei dem das Kind hauptsächlich lebt, muss sich an diesen Kosten grundsätzlich nicht beteiligen. Er muss nur das Kind dem anderen Elternteil an der Wohnungstür übergeben. Hiervon kann eine Ausnahme gemacht werden, wenn die Eltern weit auseinander wohnen.

Weite Entfernung:

Der Kindsvater ist nach der Scheidung von Berlin nach München gezogen. Um sein Umgangsrecht wahrnehmen zu können, muss der Vater nach Berlin reisen. In solch einem Fall kann von der Mutter verlangt werden, das Kind auf eigene Kosten zum Bahnhof, Flughafen oder einem anderen Treffpunkt zu bringen und von dort auch wieder abzuholen.

Die Umgangskosten können grundsätzlich nicht vom Einkommen bei der Unterhaltsberechnung abgezogen werden. Probleme können sich ergeben, wenn ein sog. Mangelfall vorliegt bzw. wenn durch die Zahlung der hohen Umgangskosten der sog. Selbstbehalt des Unterhaltspflichtigen unterschritten wird. Viele umgangsberechtigte Eltern stellen sich dann die Frage, ob die Kosten des Umganges vom Unterhalt abgezogen werden können. Die angemessenen Kosten des Umgangs eines zur Zahlung von Unterhalt verpflichteten Elternteils können zur einer maßvollen Erhöhung des Selbstbehaltes oder einer entsprechenden Minderung des unterhaltsrelevanten Einkommens führen, wenn dem Unterhaltspflichtigen das anteilige Kindergeld ganz oder teilweise nicht zugutekommt und er die Kosten des Umganges nicht aus Mitteln bestreiten kann, die ihm über den notwendigen Selbstbehalt hinaus verbleiben.

Tipp!

Normalerweise wird das Kindergeld hälftig beim Unterhalt berücksichtigt. Wird das nicht berücksichtigt und dem Unterhaltspflichtigen nicht angerechnet, kann er Umgangskosten geltend machen.

Überdurchschnittlich hohe Fahrtkosten können ausnahmsweise auch vom unterhaltsrelevanten Einkommen des Unterhaltspflichtigen abgezogen werden, wenn das Kind weit weggezogen ist, insbesondere wenn der Umgangsberechtigte mit dem Umzug nicht einverstanden war. Im Regelsatz des Arbeitslosengeldes II sind die Kosten, die durch den Umgang mit den getrennt lebenden minderjährigen Kindern entstehen, enthalten. Bezieht der Umgangsberechtigte Sozialhilfe, so fallen die mit dem Umgang verbundenen Aufwendungen, unter seinen Lebensbedarf.

i **Achtung!**
Der Kindesunterhalt kann für die Zeit, in der das Kind sich beim unterhaltspflichtigen und umgangsberechtigten Elternteil aufhält, nicht von diesem gekürzt werden!

VIII. Auskunftsrecht

Derjenige Elternteil, dem das Sorgerecht nicht zusteht bzw. das Kind nicht persönlich betreut, hat gegen den anderen Elternteil einen Informationsanspruch, § 1686 BGB. Das **Auskunftsrecht** über die persönlichen Verhältnisse des Kindes kann nur bei berechtigtem Interesse des Elternteils an der Auskunft und nur soweit die Auskunft dem Kindeswohl nicht widerspricht, geltend gemacht werden. Durch den Auskunftsanspruch kann ein Ausgleich für die Beschränkung oder den Ausschluss des Umgangsrechts gewährt werden.

i **Achtung!**
Eine Beschränkung des Umgangsrechts bzw. ein Ausschluss dessen ist jedoch nicht Voraussetzung für den Auskunftsanspruch.

Ein berechtigtes Interesse liegt regelmäßig vor, wenn der die Auskunft begehrende Elternteil sonst keine Möglichkeit hat, sich über die Entwicklung des Kindes zu informieren. Dies kann z.B. dann der Fall sein, wenn das Kind weder einen persönlichen Kontakt noch einen Briefkontakt haben möchte. Üben die Eltern die elterliche Sorge gemeinsam aus, ist der Elternteil, bei dem das Kind lebt, nicht verpflichtet, den anderen Elternteil laufend über sämtliche schulischen Leistungen des Kindes zu informieren. Bei laufenden Umgangskontakten mit dem Kind, ist ein Auskunftsrecht schwierig durchzusetzen, da durch den Kontakt mit dem Kind, sämtliche Informationen erhalten werden können.

Achtung!

Das Auskunftsrecht darf nicht zur Überwachung des Sorgeberechtigten ausgenutzt werden!

Eine Auskunft über die Entwicklung des Kindes umfasst mindestens eine Übersicht über seinen schulischen Werdegang unter Beifügung des Schulzeugnisses. Zusätzlich müssen allgemeine Angaben über die persönliche Lebenssituation sowie die Interessen des Kindes gemacht werden. Auskünfte über den Gesundheitszustand sind bei einem Kleinkind ebenfalls zu erteilen. In regelmäßigen Abständen ist auch ein Ganzkörperfoto des Kindes zu übersenden. Die Häufigkeit der Auskunftserteilung bestimmt sich nach dem konkreten Anlass und Gegenstand. In der Regel wird von einem halbjährlichen Bericht, bei Spannungen zwischen den Eltern von einem jährlichen Bericht ausgegangen.

Achtung!

Der Sorgeberechtigte bzw. der Elternteil, bei dem das Kind lebt, kann darüber entscheiden, was in den Bericht aufgenommen werden soll und was nicht.

Tipp!

Dem leiblichen, aber nicht rechtlichen Vater eines Kindes steht ein Auskunftsrecht zu, wenn der leibliche Vater ein ernsthaftes Interesse an dem Kind hat und kein Widerspruch zum Kindeswohl vorliegt. Zur Auskunft sind die rechtlichen Eltern verpflichtet.

4. Kapitel

Der „Krieg" ums Kind

4

I. Ablauf des gerichtlichen Verfahrens

Grundsätzlich besteht in Verfahren in Kindschaftssachen, hierzu gehören auch Sorge- und Umgangsrechtsverfahren, in der ersten und zweiten Instanz kein Anwaltszwang, solange sie nicht im Scheidungsverbund geltend gemacht werden.

Scheidungsverbund:

Dieser besagt, dass bestimmte Sachverhalte, welche im Zusammenhang mit einer Ehescheidung entschieden werden, auch tatsächlich im Verbund mit dieser entschieden werden müssen.

Beispiel:

Vater V und Mutter M liefern sich im Rahmen ihres Scheidungsverfahrens einen erbitterten Rosenkrieg. V ist der Meinung M verlange zu viel Unterhalt von ihm. Um sie unter Druck zu setzen, stellt er im Verbund einen Umgangsantrag für das gemeinsame Kind. Die Scheidung der Ehegatten wird erst dann stattfinden, wenn für das Gericht auch die Umgangssache entscheidungsreif ist.

Tipp!

Verfahren in Kindschaftssachen sollten, auch wenn kein Anwaltszwang besteht, insbesondere aufgrund der neuen gesetzlichen Regelungen, mit einem erfahrenen und im Familienrecht versierten Rechtsanwalt durchgeführt werden.

Zuständig ist zunächst das Gericht, bei dem die Scheidung verhandelt wird. Gibt es kein Scheidungsverfahren, z.B. bei Trennung nichtehelicher Eltern, kommt es auf den gewöhnlichen Aufenthalt des Kindes bei Einleitung des Verfahrens an.

Der erste Gerichtstermin in Verfahren in Kindschaftssachen soll spätestens einen Monat nach Beginn des Verfahrens anberaumt werden (§ 155 Abs. 2 Satz. 2 FamFG), sog. **Beschleunigungsgebot**. Unerheblich ist, ob es sich um Eilverfahren oder um Hauptsacheverfahren handelt. Die Dauer der gerichtlichen Verfahren soll drastisch gekürzt werden.

i Achtung!

Aufgrund des Beschleunigungsgebots ist eine Verlegung des Termins nur aus zwingenden Gründen, z.B. Krankheit, die einen an der Teilnahme des Termins hindert, möglich.

Das Gericht ist gesetzlich verpflichtet im Erörterungstermin auf ein Einvernehmen hinzuwirken. Zusätzlich muss es auf Beratung und Mediation hinweisen. Es kann auch anordnen, dass die Eltern an einer Beratung/Mediation teilzunehmen haben, um den Konflikt außergerichtlich beizulegen. Dagegen können sich die Eltern mit Rechtsmitteln nicht wehren. Andererseits ist eine solche Anordnung nicht mit Zwangsmittelnd durchsetzbar. Kommt einer der Elternteile der Anordnung jedoch nicht nach, kann das Gericht dies negativ bei seiner Kostenentscheidung berücksichtigen. Können die Eltern in Umgangsverfahren oder Verfahren über die Herausgabe eines Kindes mit Hilfe oder ohne Hilfe von Beratungsstellen, eine einvernehmliche Regelung erzielen, ist diese Regelung als gerichtlicher Vergleich aufzunehmen, wenn das Gericht diesen billigt. Umgangsregelungen werden vom Gericht gebilligt, wenn sie dem Kindeswohl nicht widersprechen.

 Tipp!

Nur gerichtlich gebilligte Umgangsvereinbarungen sind vollstreckbar.

Kommt es im Erörterungstermin nicht zu einer Einigung, hat das Gericht mit den Beteiligten und dem Jugendamt den Erlass einer einstweiligen Anordnung zu besprechen, z.B. wie der Umgang vorläufig geregelt wird. Vor dem Erlass einer solchen Anordnung, soll das Gericht das Kind anhören.

1. Anhörung der Beteiligten

Im gerichtlichen Verfahren werden natürlich beide Eltern sowie, soweit erforderlich, auch die Kinder angehört. Die Kindesanhörung findet in der Regel ohne die Eltern und Anwälte statt. Lediglich der Richter und der Verfahrensbeistand sind bei der Anhörung anwesend. Der Grund hierfür liegt darin, dass Verfahren in Kindschaftssachen immer eine sehr große Belastung für die Kinder sind. Sie befinden sich in einem Loyalitätskonflikt, da sie das Gefühl haben, sich zwischen Mutter und Vater entscheiden zu müssen und damit einen von beiden verletzen. Die Abwesenheit der Eltern bei der Anhörung garantiert, dass die Kinder nicht von einem Elternteil eingeschüchtert und beeinflusst werden. Die Eltern haben jedoch das Recht, das Ergebnis der Anhörung durch das Gericht mitgeteilt zu bekommen. Ab dem 14. Lebensjahr ist das Kind eigener Beteiligter eines Sorgerechtsverfahrens und kann dem gestellten Sorgerechtsantrag widersprechen. Das Gericht muss Kinder ab ihrem 14. Lebensjahr anhören (§ 159 Abs. 1 Satz. 1 FamFG). Hat das Kind das 14. Lebensjahr noch nicht vollendet, so ist es anzuhören, wenn „die Neigungen, Bindungen oder der Wille des Kindes für die Entscheidung von Bedeutung sind oder wenn eine persönliche Anhörung aus sonstigen Gründen angezeigt ist (§ 159 Abs. 2 FamFG).

Tipp!
Ab welchem Alter das für Sie zuständige Familiengericht die Kinder i.d.R. anhört, kann Ihnen ein Anwalt vor Ort sagen.

Dem Gericht steht es frei zu entscheiden, ob es das Kind im Gericht oder in der häuslichen Umgebung anhört. Das Kind soll über den Gegenstand des Verfahrens und möglichen Ausgang des Verfahrens in geeigneter Weise durch den Richter unterrichtet werden. Dem Kind ist Gelegenheit zur Äußerung zu geben. Von der Anhörung darf nur aus schwerwiegenden Gründen abgesehen werden.

2. Sachverständigengutachten

In Kindschaftssachen gilt der sog. **Amtsermittlungsgrundsatz**, daher, das Gericht hat von Amts wegen die zur Feststellung der Tatsachen erforderlichen Ermittlungen durchzuführen. In Umgangs- und

Sorgerechtsverfahren bedeutet dies, dass die Familiengerichte auch ohne einen konkreten Beweisantrag der Beteiligten ein (familienpsychologisches) Sachverständigengutachten einholen können. Diese werden vom Gericht in Auftrag gegeben, damit geklärt werden kann, welche Regelung dem Kindeswohl am besten entspricht. Bevor ein Gutachten in Auftrag gegeben wird, hat sich das Gericht zuerst durch die Anhörung aller Beteiligter ein eigenes Bild zu machen. Das Gericht darf seine Entscheidung aber nicht auf den Sachverständigen verlagern.

i

Achtung!

In der Praxis entscheiden Gerichte kaum mehr ohne ein Sachverständigengutachten.

Die Einholung eines Sachverständigengutachtens kann mitunter aber Gebühren zwischen € 3.000 und € 9.000 auslösen. Diese Gebühren stehen oft nicht im Verhältnis zu den Kosten eines Sorge- und Umgangsrechtsverfahrens.

i

Achtung!

I.d.R. werden die Kosten gegeneinander aufgehoben. Das bedeutet, dass jeder Elternteil sich an den hälftigen Gerichtskosten und den Sachverständigenkosten zu beteiligen hat!

Gegen die Anordnung der Einholung eines Gutachtens kann kein Rechtsmittel eingelegt werden. Weder das Kind noch die Eltern können aber gezwungen werden, sich einer psychologischen Begutachtung zu unterziehen.

i

Achtung!

Die Weigerung, sich einer Begutachtung zu unterziehen, kann dem Gericht allerdings Anlass geben, nachteilige Rückschlüsse zu ziehen.

✔

Tipp!

Die Aufklärung über die Kostenfrage kann u.U. einen bislang nicht kooperationswilligen Elternteil doch zur Zusammenarbeit mit dem anderen Elternteil bewegen.

3. Welche Rolle nimmt das Jugendamt ein?

Wenn ein Elternteil die alleinige elterliche Sorge beantragt oder eine gerichtliche Regelung des Umgangs mit dem Kind möchte, muss der Richter das Jugendamt informieren und anhören, wie es die Lage einschätzt. Die Anhörung des Jugendamtes durch das Gericht ist zwingend vorgeschrieben (§ 162 Abs. 1 S. 1 FamFG). Ein Mitarbeiter/eine Mitarbeiterin des Jugendamtes nimmt im Rahmen der Anhörung zur Situation und zum sozialen Umfeld des Kindes Stellung und gibt Empfehlungen für eine Regelung im Sinne des Kindeswohls. Dazu führen die Jugendamtsmitarbeiter Gespräche mit den Eltern und besuchen diese zu Hause. Manchmal sprechen die Mitarbeiter auch mit den Kindern. Die durch das Jugendamt eingeholten Informationen sind wichtig für die Entscheidung des Richters. Das Jugendamt hat somit auch im gerichtlichen Verfahren eine beratende und unterstützende Funktion. In seinem Bericht kann es Hilfeleistungen und Unterstützungsmöglichkeiten sowohl für die Kinder und Jugendlichen als auch für die Eltern anbieten.

Tipp!
Sollten Sie mit einem Bericht des Jugendamtes nicht einverstanden sein, so sollten Sie mit dem Verfasser des Berichts Rücksprache halten. Sind Sie mit Ihrem Sachbearbeiter nicht einverstanden, so wenden Sie sich an den Leiter des Jugendamtes.

Achtung!
Ist ein Scheidungsverfahren bei Gericht eingeleitet worden, wird das Jugendamt automatisch bei Ihnen vorstellig. Das Familiengericht unterrichtet nämlich das Jugendamt von einer Scheidung, da die Rechtsgüter Ehe und Familie grundrechtlich geschützt sind und unter besonderem staatlichen Schutz stehen.

4. Verfahrensbeistand – Anwalt des Kindes

Mit der Reform des Kindschaftsrechts vom 1.7.1998 wurde die Beiordnung eines „Anwalt des Kindes" gesetzlich vorgesehen. Durch die eigenständige Vertretung von Kindern in gerichtlichen Verfahren soll sichergestellt werden, dass deren Interessen in familiengerichtlichen Verfahren eingebracht werden. Das Gesetz fordert in § 158 Abs. 1 FamFG die Beiordnung eines Verfahrensbeistandes, soweit dies zur Wahrnehmung der Interessen des Kindes erforderlich ist.

Der Verfahrensbeistand wird vom Gericht eingesetzt, wenn

- das Interesse des Kindes zu dem seiner gesetzlichen Vertreter in erheblichem Gegensatz steht,

- die vollständige oder teilweise Entziehung der Personensorge in Betracht kommt,

- das Kind aus der Obhut der es betreuenden Person genommen werden soll,

- die Herausgabe des Kindes oder eine Verbleibensanordnung beschlossen werden soll,

- der Ausschluss oder eine wesentliche Einschränkung des Umgangsrechts in Betracht kommt.

Tipp!
Ein Verfahrensbeistand wird vom Gericht auch in Abstammungs- oder Adoptionsverfahren bestellt, wenn dies zur Wahrnehmung der Interessen des minderjährigen Beteiligten erforderlich ist.

i Achtung!
Der Verfahrensbeistand ist nicht gesetzlicher Vertreter des Kindes!

Der Verfahrensbeistand ist formeller Beteiligter und kann aus diesem Grund Rechtsmittel gegen Entscheidungen des Familiengerichts für das Kind einlegen. Dem Verfahrensbeistand kommt zudem die Aufgabe zu, das Interesse des Kindes festzustellen und im gerichtlichen Verfahren zur Geltung zu bringen. Er hat daher bei seiner Stellungnahme an das Gericht sowohl den Willen des Kindes sowie das Wohl des Kindes mit einzubeziehen. Die Stellungnahme wird in der Regel schriftlich spätestens zum Anhörungstermin vorgelegt. In beschleunigten Verfahren kommt es auch vor, dass die Stellungnahme lediglich mündlich im Termin erfolgt. Das Gericht überträgt dem Verfahrensbeistand in der Regel auch die Aufgabe, Gespräche mit den Eltern und weiteren Bezugspersonen zu führen und am Zustandekommen einer einvernehmlichen Regelung über den Verfahrensgegenstand mitzuwirken. Das Gericht hat Art und Umfang der Beauftragung konkret festzulegen und die Beauftragung zu begründen.

Achtung!

Die Bestellung oder Ablehnung der Bestellung eines Verfahrensbeistandes sowie die Aufhebung derselben kann nicht mit Rechtsmitteln angefochten werden.

Grundsätzlich kann jeder zum Verfahrensbeistand bestellt werden, da eine bestimmte Ausbildung nicht zwingend erforderlich ist. Die Auswahl eines geeigneten Verfahrensbeistandes liegt im Ermessen des Familiengerichts. In der Regel verfügen die Verfahrensbeistände über einen rechtlichen oder psychologischen beruflichen Hintergrund. Die Verfahrensbeistandschaft endet in der Regel mit dem Abschluss des Verfahrens, soweit sie nicht vorher aufgehoben worden ist.

II. Eilverfahren

Einschulung des Kindes:

Das Kind soll eingeschult werden, der getrenntlebende mitsorgeberechtigte Vater verweigert jedoch seine Zustimmung zu der von der Mutter ausgesuchten Schule.

Gerichtsverfahren können, trotz Beschleunigungsgebot, lange Zeit in Anspruch nehmen, bis eine abschließende und endgültige Regelung getroffen wird. Es besteht jedoch die Gefahr, dass bis dahin Tatsachen geschaffen werden, die nur schwer bzw. gar nicht mehr rückgängig gemacht werden können. Mit einer einstweiligen Anordnung können vorläufige Entscheidungen im Eilverfahren getroffen werden. Voraussetzung ist ein dringendes Regelungsbedürfnis, welches ein Abwarten bis zur Endentscheidung wegen akuter Gefahr für das Kindeswohl nicht zulässt. Einstweilige Anordnungen kann das Gericht auch von Amts wegen erlassen. Es steht im Ermessen des Gerichts, ob es über den Antrag auf Erlass einer einstweiligen Anordnung mit mündlicher Verhandlung oder im schriftlichen Verfahren entscheidet. In den allermeisten Fällen wird das Gericht der Gegenseite aber auch im schriftlichen Verfahren vor seiner Entscheidung Gelegenheit zur Stellungnahme geben. Trifft das Gericht seine Entscheidung im Rahmen eines schriftlichen Verfahrens, so ist auf Antrag eines der Beteiligten eine mündliche Verhandlung durchzuführen, woraufhin das Gericht erneut einen Beschluss fällen muss. Die nach mündlicher Verhandlung getroffene Entscheidung ist grundsätzlich nicht mit Rechtsmitteln anfechtbar.

> **Tipp!**
> Dies gilt nicht, soweit die elterliche Sorge für ein Kind durch die einstweilige Anordnung geregelt wurde. Dann kann gegen die einstweilige Anordnung Beschwerde eingelegt werden.

Geht es um eine Umgangsregelung müssen die Beteiligten daher ein „normales" Verfahren einleiten, um eine neue Entscheidung des Gerichts zu bewirken.

> **Achtung!**
> Über den Umgangsantrag im Eilverfahren und im „normalen Verfahren" entscheidet derselbe Richter. Sofern sich keine rechtlichen oder tatsächlichen Änderungen ergeben haben, wird der Richter im normalen Verfahren keine andere Entscheidung, als im Rahmen der einstweiligen Anordnung, fällen.

III. Wie wird eine Gerichtsentscheidung umgesetzt? – Vollstreckung

> **Vollstreckung einer Umgangsentscheidung:**
> Die geschiedenen Eltern V und M sind total zerstritten. V musste gerichtliche Hilfe in Anspruch nehmen, damit er sein Umgangsrecht mit den beiden gemeinsamen Kindern durchsetzen konnte. Am Freitagnachmittag macht sich V, wie im Umgangsbeschluss des Gerichts vorgesehen, pünktlich auf, um seine Kinder für das bevorstehende Umgangswochenende bei der Mutter abzuholen. Als er an der Haustür klingelt, macht M absichtlich die Tür nicht auf. Aufgrund eines vorhergehenden Streits wegen des Kindesunterhaltes mit V ist sie der Meinung, er habe kein Recht die Kinder zu sehen, da er ihrer Meinung nach zu wenig Unterhalt bezahlt. V ist wütend und ruft die Polizei an, damit sie die Kinder von der Mutter abholt.

Die Durchsetzung von Umgangsentscheidungen oder gerichtlich gebilligten Umgangsvereinbarung kann nur mit der Anordnung von Zwangsmitteln durchgesetzt werden. Hält sich ein Elternteil oder sonstiger Umgangsberechtigter nicht an die Umgangsregelung so kann die Verhängung von Ordnungsmitteln in Form von Ordnungsgeld oder Ordnungshaft beantragt werden. Vor der Festsetzung von

Ordnungsmitteln, muss derjenige, gegen den die Vollstreckung gerichtet ist, das Kind sowie der andere Elternteil vom Gericht angehört werden. Der Verstoß gegen die Umgangsregelung muss schuldhaft erfolgt sein. Dies wird vermutet, solange nichts Gegenteiliges vorgetragen wird.

Achtung!

Das festgesetzte Zwangsgeld kommt weder dem Kind noch demjenigen Elternteil zugute, der das Umgangsrecht nicht ausüben konnte. Das Zwangsgeld fließt in die Staatskasse. Könnte die Festsetzung eines Zwangsgeldes gegen den verweigernden Elternteil die wirtschaftliche Situation des Kindes gefährden, unterbleibt diese.

Die Zwangsmittel können im Ergebnis keine Herausgabe des Kindes zum Zwecke des Umganges durch die Polizei oder den Gerichtsvollzieher, bewirken.

Achtung!

Die Anwendung unmittelbaren Zwangs, z.B. körperliche Gewalt, gegen ein Kind zur Herausgabe, zur Ausübung des Umgangsrechts, ist ausgeschlossen.

Tipp!

Vollstreckungsverfahren haben in der Praxis sehr selten Aussicht auf Erfolg. Zudem trägt es nicht zu einer Entspannung des Verhältnisses zwischen den Eltern bei. Zu Gunsten der Kinder sollte zunächst die Hilfe von Beratungsstellen in Anspruch genommen werden, um den Konflikt zu lösen.

Um eine Vollstreckung möglichst zu vermeiden sieht das Gesetz ein gerichtliches Vermittlungsverfahren (§ 165 FamFG) vor, indem es bei Verstößen gegen Umgangsregelungen versucht zwischen den Beteiligten zu vermitteln.

Merke!

In Sorgerechtssachen ist eine Vollstreckung nur bei Beschlüssen, die die Herausgabe des Kindes bestimmen, möglich. Hierbei kann auch unmittelbarer Zwang gegen das Kind zum Zwecke der Herausgabe angewandt werden.

5. Kapitel

Unterhalt

5

Unterhalt ist aufgrund seiner existenziellen Bedeutung in den meisten Fällen der Auslöser zahlreicher Streitigkeiten zwischen den Eltern. Um nichts wird in der Praxis mehr gestritten und gekämpft, als um den Unterhalt. Seit dem 1.7.1998 ist der Unterhaltsanspruch von ehelichen und nichtehelichen Kindern gleichgestellt. Das Unterhaltsrecht wurde zum 1.1.2008 grundlegend reformiert. Der Gesetzgeber hat dem gesellschaftlichen Wandel Rechnung getragen und den Unterhalt an die geänderte Rollenverteilung in der Ehe und den immer häufiger vorkommenden Patchworkfamilien angepasst. Der Kindesunterhalt hat Vorrang vor allen anderen Unterhaltsansprüchen. Der erste Rang der unterhaltsrechtlichen Rangfolge wird alleine von minderjährigen, unverheirateten und ihnen gleichgestellten privilegierten volljährigen Kindern besetzt (§ 1609 Nr. 1 BGB). Wenn es wegen zu geringen Einkommens wenig zu verteilen gibt – ein sog. **Mangelfall** eintritt – daher ein Unterhaltsschuldner kann nicht alle Unterhaltsansprüche bedienen, haben Kinder Vorrang vor allen anderen Unterhaltsberechtigten. Klingt selbstverständlich, war aber nicht immer so. Bis zum 31.12.2007 waren Ansprüche von Kindern, Ex-Partnern sowie neuen Ehepartnern gleichrangig. Für die Vorrangigkeit des Unterhaltsanspruchs spielt es keine Rolle, ob die Kinder aus erster oder zweiter Ehe, aus einer Partnerschaft ohne Trauschein oder sogar aus einer außerehelichen Beziehung stammen.

Am 23.7.2015 trat das Gesetz zur Erhöhung des Grundfreibetrages, des Kinderfreibetrages, des Kindergeldes und des Kinderzuschlags in Kraft. In Folge dessen wurden unter anderem die Sätze der Düsseldorfer Tabelle zum 1.8.2015 an die veränderte Gesetzeslage angepasst und das Kindergeld rückwirkend zum Januar 2015 erhöht.

Die Neuerungen, die das Gesetz mit sich brachte, wurden in diesem Kapitel bereits eingearbeitet und berücksichtigt.

i Achtung!

Sämtliche Berechnungsbeispiele in diesem Kapitel basieren auf der seit 1.8.2015 geltenden Düsseldorfer Tabelle und berücksichtigen die Ausnahmeregelung, dass die erst im Laufe des Jahres erfolgte und zum 1.1.2015 rückwirkende Kindergelderhöhung bis zum 31.12.2015 bei der Berechnung des Kindesunterhaltes außer Betracht zu bleiben hat. Bei der Berechnung des Kindesunterhaltes werden die alten Kindergeldsätze bis zum 31.12.2015 berücksichtigt. Das bedeutet, dass im Rahmen der Unterhaltsberechnungen in diesem Ratgeber das hälftige (alte) Kindergeld in Höhe von € 92 berücksichtigt wird.

I. Wer schuldet den Kindesunterhalt?

Grundsätzlich sind beide Elternteile zur Erbringung von Kindesunterhalt verpflichtet. In Ausnahmefällen kommt eine Unterhaltsverpflichtung der Großeltern in Betracht, wenn die Eltern selbst nicht **leistungsfähig**, daher nicht in der Lage sind, den Kindesunterhalt zu bezahlen oder bereits verstorben sind.

1. Unterhaltsverpflichtung bei minderjährigen Kindern

Minderjährige Kinder haben Anspruch auf **Natural- und Barunterhalt**.

§ Naturalunterhalt:

Beim Naturalunterhalt handelt es sich im Wesentlichen um Betreuungs- und Erziehungsleistungen. Diese umfassen Nahrung, Kleidung, zur Verfügung stellen von Wohnraum etc.

§ Barunterhalt:

Der Barunterhalt ist eine monatlich im Voraus zu zahlende Geldrente.

Leben die Eltern getrennt, erfüllt derjenige Elternteil, bei dem das Kind lebt, seine Unterhaltsverpflichtung durch die Betreuung des Kindes. Er gewährt den sog. Naturalunterhalt und schuldet in der Regel kein Geld. Der andere Elternteil hingegen schuldet den sog.

Barunterhalt. Die Höhe des Barunterhalts bestimmt sich allein nach dem Einkommen des Barunterhaltspflichtigen. Das Einkommen und Vermögen des betreuenden Elternteils ist grundsätzlich nicht relevant, auch wenn dieser mehr verdient als der zur Zahlung von Barunterhalt verpflichtete Elternteil.

Ausnahme! ℹ️
Verfügt der betreuende Elternteil über ein deutlich höheres Einkommen als der andere Elternteil und würde dessen Inanspruchnahme auf Kindesunterhalt zu einem finanziellen Ungleichgewicht zwischen den Elternteilen führen, kann u.U. die Barunterhaltsverpflichtung entfallen.

Lebt ein Kind nicht bei mindestens einem Elternteil, z.B. weil es in einem Internat untergebracht ist, müssen beide Elternteile den Barunterhalt erbringen und zwar anteilig nach ihren jeweiligen Einkommens- und Vermögensverhältnissen. Betreut derjenige Elternteil, bei dem das Kind nicht lebt, das Kind über das übliche Maß hinaus, daher nicht nur an seinen Umgangstagen, kann der Unterhalt nicht gekürzt werden. Häufige Betreuung stellt eine freiwillige Handlung des Unterhaltspflichtigen dar.

Sonderproblem: Wechselmodell

Ausnahme!
Weit verbreitet ist der Irrtum, dass durch die Ausübung eines Wechselmodells, die Verpflichtung zur Zahlung von Unterhalt entfällt.

Bei einem echten Wechselmodell haben beide Elternteile für den Barunterhalt des Kindes einzustehen. Der Unterhaltsbedarf des Kindes bemisst sich in diesen Fällen nach dem beiderseitigen Einkommen der Eltern und umfasst neben dem sich daraus ergebenden erhöhten Bedarf insbesondere auch die Mehrkosten des Wechselmodells, z.B. Wohn- und Fahrtkosten. Der Bedarf des Kindes liegt beim Wechselmodell daher regelmäßig höher als beim herkömmlichen sog. **Residenzmodell**, bei dem nur ein Elternteil das Kind betreut.

2. Unterhaltsverpflichtung bei volljährigen Kindern

Volljährige Kinder haben keinen Anspruch mehr auf Naturalunterhalt, da mit Eintritt der Volljährigkeit das Kind als Erwachsener zu behandeln ist. Damit entfällt ein Betreuungsbedarf. Beide Elternteile schulden Baruntenterhalt, auch wenn das volljährige Kind noch bei einem Elternteil lebt. Zu diesem Zweck wird das Einkommen beider Eltern zusammengerechnet. Leistet der Elternteil, der mit dem volljährigen Kind zusammenlebt, Naturalunterhalt, kann dieser mit dem Barunterhaltsanspruch verrechnet werden.

Leistung von Naturalunterhalt bei volljährigen Kindern:

Das 18-jährige Kind lebt nach der Scheidung seiner Eltern bei der Mutter. Die Mutter wäscht, kocht und putzt. Diese Naturalleistungen kann sie mit ihrer Verpflichtung zur Zahlung von Unterhalt an das Kind verrechnen.

Jeder Elternteil haftet lediglich anteilig nach seinen jeweiligen Einkommens- und Vermögensverhältnissen.

Rechenformel:

Haftungsanteil Vater o. Mutter:

= ((Einkommen Elternteil (E1) – angemessener Selbstbehalt) / (Einkommen beider Eltern – 2 x angemessener Selbstbehalt)) x Bedarf des Kindes laut Düsseldorfer Tabelle

Berechnung Haftungsanteile bei volljährigen Kindern:

Das 18-jährige Kind lebt bei der Mutter, macht gerade sein Abitur und verlangt vom getrennt lebenden Vater Unterhalt. Dieser verdient € 3.000 netto monatlich. Die Mutter verdient € 2.000 netto. Das Kindergeld in Höhe von € 184 erhält die Mutter. Das zusammengerechnete Einkommen der Eltern beträgt € 5.000, sodass der Bedarf des Kindes K € 807 beträgt (10. Einkommensgruppe der Düsseldorfer Tabelle, 4. Altersgruppe).

Haftungsanteil des Vaters:

((€ 3.000 – € 1.300) / (€ 3.000 + € 2.000 – € 2.600) x € 807) = € 571,63

Der Vater haftet in Höhe von € 572 für den Unterhaltsbedarf und die Mutter für den Rest in Höhe von € 235. Der Vater kann von seinem Haftungsanteil das hälftige Kindergeld noch abziehen. Die Mutter muss zusätzlich zu ihrem Haftungsanteil das ihr zufließende hälftige Kindergeld einsetzen.

Achtung! ℹ

Kann ein Elternteil keinen Barunterhalt zahlen, weil er z.B. über kein Einkommen verfügt, so tritt eine sog. **Ausfallhaftung** ein. Der leistungsfähige Elternteil haftet allein für den Unterhalt.

3. Unterhaltsbestimmungsrecht

Das Gesetz sieht in § 1612 Abs. 2 S. 1 BGB ein Unterhaltsbestimmungsrecht für die Eltern eines unverheirateten Kindes vor. Das bedeutet, dass die Eltern bestimmen können, auf welche Art und Weise sie den Unterhalt bezahlen wollen. Das Recht besteht auch gegenüber unverheirateten volljährigen Kindern. Den Eltern steht es somit frei, ihrer Unterhaltsverpflichtung durch Gewährung von Naturalunterhalt nachzukommen. Während bestehender Ehe wird das Unterhaltsbestimmungsrecht von beiden Eltern ausgeübt. Leben die Eltern hingegen getrennt, entscheidet bei minderjährigen Kindern der alleinsorgeberechtigte Elternteil bzw. bei gemeinsamer elterlicher Sorge derjenige Elternteil, bei dem das Kind lebt. Bei Volljährigen steht das Bestimmungsrecht demjenigen Elternteil zu, welcher auf Barunterhalt in Anspruch genommen wird. Nimmt das Kind beide Eltern in Anspruch, kann ein Elternteil das Bestimmungsrecht allein ausüben, wenn sein Angebot auf Leistung von Naturunterhalt Belange des anderen Elternteils nicht verletzt.

Die Eltern haben bei der Bestimmung, auf welche Art und Weise und für welchen Zeitraum Unterhalt gewährt werden soll, auf die Belange des Kindes Rücksicht zu nehmen. Das Kind kann bei Nichtberücksichtigung seiner Belange eine Abänderung der Unterhaltsbestimmung beantragen. Hierfür müssen die Zumutbarkeitsgesichtspunkte des Kindes gegenüber den wirtschaftlichen Interessen der Eltern bzw. dem zahlungspflichtigen Elternteil abgewogen werden. Die Eltern können also darauf bestehen, dass ein Kind bei ihnen zu Hause wohnt und sich keine eigene Wohnung nimmt. Hat das Kind entgegen seinem Wunsch nur einen auswärtigen Studienplatz erhalten, kann die Unterhaltszahlung nicht verweigert werden. Die Leistung von Naturalunterhalt ist hier nicht möglich, sodass Barunterhalt geleistet werden muss.

II. Wie lange ist der Unterhalt zu bezahlen?

Unterhaltsberechtigt ist nur, wer nicht im Stande ist, sich selbst zu unterhalten (§ 1602 Abs. 1 BGB). Dies trifft auf Babys, Kleinstkinder und minderjährige Schüler/Auszubildende immer zu.

i Achtung!

Kinder mit einer Behinderung, die nicht aus eigener Kraft, daher Arbeit oder eigenem Vermögen, ihren Lebensunterhalt bestreiten können, sind zeitlich unbegrenzt unterhaltsberechtigt.

Solange volljährige Kinder zur Schule gehen oder eine Ausbildung machen, studieren oder trotz nachhaltiger Bemühungen keinen Arbeitsplatz finden, steht ihnen ebenfalls ein Unterhaltsanspruch zu. Unschädlich ist, wenn ein Kind eine Jahrgangsstufe wiederholen muss oder das Kind eine Ausbildung abbricht, um eine zweite zu beginnen. Eltern schulden als Unterhalt auch die Kosten einer angemessenen Vorbildung zu einem Beruf (§ 1610 Abs. 2 BGB). Geschuldet ist eine den Neigungen und Fähigkeiten des Kindes entsprechende Ausbildung, die den Eltern aber auch wirtschaftlich zumutbar ist. Was aber ist unter einer Ausbildung zu verstehen? Wie lange darf die Ausbildung dauern? Möchten Kinder nach dem Abitur studieren, ist grundsätzlich Unterhalt für die Zeit des Studiums, zu bezahlen.

1. Erstausbildung

Grundsätzlich schulden Eltern nur die Finanzierung einer Ausbildung. Bei Minderjährigen bestimmen die Sorgeberechtigten über Ausbildung und Beruf, wobei auf die Neigungen des Kindes besondere Rücksicht zu nehmen ist. Volljährige Kinder können dabei ihren Beruf selbst und eigenverantwortlich wählen. Eine Zahlungspflicht besteht aber nur bei einem sinnvollen Berufswunsch. Die bisherigen schulischen Leistungen des Kindes müssen einen erfolgreichen Abschluss erwarten lassen.

Nicht begabungsbezogene Ausbildung:

Hat das volljährige Kind eine Rechenschwäche, ist von vornherein absehbar, dass das Kind ein Mathematikstudium nicht erfolgreich abschließen wird. Dieses Studium müssen die Eltern somit nicht finanzieren.

2. Zweitausbildung oder Weiterbildung?

Eine angemessene Ausbildung umfasst ebenfalls die Kosten einer sog. **Weiterbildung**. Hat das Kind z.B. Abitur gemacht und war von Anfang an bestimmt, dass erst nach Abschluss einer Lehre ein die Lehre ergänzendes Studium aufgenommen wird, ist für die Studienzeit ebenfalls Unterhalt zu bezahlen. Es muss jedoch ein enger sachlicher Zusammenhang zwischen Lehre und Studium bestehen. Zudem muss den Eltern die Finanzierung wirtschaftlich zumutbar sein. Haben sich die Eltern, weil sie vom weiteren Berufswunsch ihres Kindes keine Kenntnis hatten, anderweitige finanzielle Verpflichtungen aufgenommen oder nähern sie sich dem Renteneintritt, so dürfen die Eltern ihre Einkünfte zum eigenen Nutzen verwenden.

Abitur – Lehre – Studium:

Macht das Kind nach dem Abitur erst eine Banklehre und studiert unmittelbar anschließend Betriebswirtschaft, müssen die Eltern auch für die Zeit des Studiums bezahlen, es sei denn, zwischen Studium und Lehre liegt eine lange Phase der Unterbrechung.

Die Rechtsprechung bejaht eine einheitliche Ausbildung bei einem Werdegang Schule – Lehre – Schule (Fachoberschule) – Studium, soweit bereits bei Beginn der Lehre dieser Ausbildungsweg geplant, mit zumindest einem Elternteil abgesprochen war und die Ausbildungsabschnitte zeitlich ineinander übergreifen.

Achtung! **i**

Übt das volljährige Kind nach Abschluss seiner Ausbildung zunächst für einige Zeit seinen erlernten Beruf aus, obwohl es mit dem Studium hätte beginnen können, besteht später kein Anspruch auf Finanzierung eines Studiums.

Grundsätzlich besteht kein Anspruch auf eine fachfremde **Zweitausbildung**, da Eltern ihre Verpflichtung zu einer (im wörtlichen Sinn) den Fähigkeiten und Neigungen des Kindes entsprechende Ausbildung bereits mit Finanzierung der Erstausbildung erfüllt haben.

Zweitausbildung:

Nimmt das Kind nach einer Banklehre ein Medizinstudium auf, müssen die Eltern keinen Unterhalt leisten, da es sich um eine fachfremde Zweitausbildung handelt.

Eine Ausnahme besteht, z.B. wenn,

- die erste Ausbildung auf einer eindeutigen Fehleinschätzung der Begabung des Kindes durch die Eltern beruhte oder die Eltern gegen den Willen des Kindes dieses in einen Beruf gedrängt haben, der nicht seinen den Fähigkeiten und Neigungen entsprach

- die Erstausbildung aus gesundheitlichen Gründen abgebrochen werden musste

- die Erstausbildung keine ausreichende Lebensgrundlage bietet und dies bei Beginn der Ausbildung nicht vorhersehbar war.

Der Verpflichtung der Eltern, eine angemessene Ausbildung zu finanzieren, steht die Verpflichtung der Kinder gegenüber, die Ausbildung mit gehörigen Fleiß und Zielstrebigkeit, sog. **Gegenseitigkeitsprinzip** zu betreiben, um sie innerhalb angemessener üblicher Dauer zu beenden, um sich danach selbst zu unterhalten.

Bei erheblicher Überschreitung der Regelstudienzeit entfällt der Unterhaltsanspruch. Zugebilligt werden über die Regelstudienzeit noch ein bis zwei Examenssemester, im Einzelfall noch mehr, falls im betreffenden Studiengang die durchschnittliche Studienzeit erheblich über der Regelstudienzeit liegt.

Überschreitung der Studienzeit:
Das volljährige Kind studiert Jura und befindet sich im 13. Semester. Die Eltern sind jedoch nicht verpflichtet, mehr als 11 Semester zu finanzieren, da die Regelstudienzeitdauer neun Monate beträgt und zwei Semester als Überschreitung zugebilligt werden.

Achtung!
Eltern müssen eine Promotion finanzieren, wenn ein Nichtpromovierter in einem bestimmten Beruf promovierten Kollegen im Wettbewerb im Regelfall unterlegen ist. Für die Zeit der Promotion ist aber dem Kind zuzumuten, einer Teilzeittätigkeit nachzugehen.

Eine gewisse Orientierungsphase ist dem Kind zuzubilligen. Es darf sich also bei der Berufswahl täuschen und daher auch sein Studienfach wechseln. Der Studienfachwechsel soll aber in den ersten drei Semestern stattfinden. Nach Beendigung des Studiums ist dem Kind noch eine Bewerbungsfrist von drei Monaten zuzubilligen, in welcher es Anspruch auf Unterhalt hat.

III. Höhe des Kindesunterhaltes

Die Höhe des zu leistenden Kindesunterhaltes richtet sich nach dem **sog. Unterhaltsbedarf** des Kindes. Es geht dabei um die Frage, wie viel Geld das Kind für seinen Lebensunterhalt benötigt. Nach § 1610 Abs. 1 BGB richtet sich die Höhe des Betrages nach der Lebensstellung des Unterhaltsbedürftigen. Die Lebensstellung des Kindes ist je nach seiner Lebenssituation verschieden. Hierbei müssen folgende Gruppen unterschieden werden:

- minderjährige unverheiratete Kinder

- volljährige unverheiratete Schüler und Auszubildende bis 21 Jahre, die noch zu Hause wohnen

- Studenten

- andere volljährige Kinder.

1. Mindestunterhalt für minderjährige Kinder

Im Gesetz wurde zum 1.1.2008 wieder der Mindestunterhalt für minderjährige Kinder festgeschrieben (§ 1612a BGB). Grundsätzlich knüpft der Mindestunterhalt minderjähriger Kinder beim steuerlichen doppelten Kinderfreibetrag nach § 32 Abs. 6 EStG an und wird mit jeder Änderung des Kinderfreibetrags mit angepasst.

Wegen des Gesetzes zur Erhöhung des Grundfreibetrages, des Kinderfreibetrages, des Kindergeldes und des Kinderzuschlags erhöhte sich rückwirkend zum 1.1.2015 der Kinderfreibetrag von € 7.008 auf € 7.152 pro Kind.

Tipp!
Im Jahr 2016 wird der Kinderfreibetrag um weitere € 92 auf € 7.248 steigen.

Merke!
Der Kinderfreibetrag gilt für beide Elternteile. Bei getrennt lebenden Eltern wird der halbe Kinderfreibetrag angesetzt.

✔ Tipp!

In einigen Fällen kann der halbe Kinderfreibetrag auf den anderen Elternteil übertragen werden, so dass bei einem Steuerpflichtigen die vollen € 7.152 angerechnet werden. Das ist dann der Fall, wenn die Eltern getrennt leben oder geschieden sind und ein Elternteil seine Unterhaltspflichten nicht erfüllt oder aufgrund mangelnder Leistungsfähigkeit keine Unterhaltspflicht gegeben ist.

Basis für die Berechnung des Mindestunterhalts ist das sog. **sächliche Existenzminimum** eines Kindes in Höhe von derzeit. € 4.512 jährlich bzw. € 376 monatlich.

i Merke!

Das steuerliche Existenzminimum wird im Jahr 2016 auf € 4.608 angehoben werden.

Dieser Betrag stellt 100 % des Mindestunterhalts dar.

Für die

- erste Altersstufe bis zum sechsten Geburtstag werden davon 87 %

für die

- zweite Altersstufe bis zum zwölften Geburtstag 100 %

und in der

- dritte Altersstufe ab dem zwölften Geburtstag 117 %

als Mindestunterhalt gerechnet.

i Achtung!

Wegen des Gesetzes zur Erhöhung des Grundfreibetrages, des Kinderfreibetrages, des Kindergeldes und des Kinderzuschlags wird sich der Mindestunterhalt nach § 1612a BGB (100 %) im Jahr 2016 auf € 384 erhöhen.

Von diesen Beträgen ist immer das Kindergeld abzuziehen – zur Hälfte, wenn ein Elternteil seine Unterhaltspflicht durch Betreuung erfüllt – andernfalls voll (§ 1612b BGB). Der Minderjährige muss den Mindestunterhalt weder darlegen noch beweisen. Für den Fall, dass der Unterhaltspflichtige behaupten sollte, Mindestunterhalt wegen mangelnder Leistungsfähigkeit, nicht zahlen zu können, muss er dies beweisen. Gegenüber minderjährigen Kindern besteht eine erhöhte Erwerbsobliegenheit. Der Unterhaltspflichtige hat sich mit allen in seiner Macht stehenden Kräften zu bemühen, den Kindesunterhalt erfüllen zu können und muss gegebenenfalls neben seiner Haupterwerbstätigkeit eine zumutbare Nebentätigkeit ausüben, um den Mindestunterhalt sicherstellen zu können.

Achtung!

Besteht gegenüber minderjährigen Kindern eine Unterhaltsverpflichtung, ist der Unterhaltsverpflichtete bei Überschuldung grundsätzlich verpflichtet, eine Verbraucherinsolvenz einzuleiten. Bei Durchführung eines Insolvenzverfahrens gelten bei Unterhaltslasten höhere Pfändungsfreigrenzen. Damit wird erreicht, dass dem Unterhalt ein Vorrang vor sonstigen Verbindlichkeiten eingeräumt wird.

2. Düsseldorfer Tabelle

Der Unterhalt errechnet sich grundsätzlich nach dem sog. bereinigten Nettoeinkommen des Unterhaltspflichtigen.

Für die Bemessung der Unterhaltshöhe wird die sog. Düsseldorfer Tabelle herangezogen. Sie gibt Auskunft über die Höhe des Unterhalts, der nach einer Trennung für Kinder gezahlt werden muss, wenn diese nicht im eigenen Haushalt leben. Seit dem 1.1.2008 gilt die Tabelle für das ganze Bundesgebiet. Früher gab es für die neuen Bundesländer die sog. Berliner Tabelle, die geringere Unterhaltsbeträge für Kinder in den neuen Bundesländern vorsah. Die Düsseldorfer Tabelle besitzt keine Gesetzeskraft, sondern gibt lediglich Richtsätze vor, von denen in besonderen Einzelfällen, abgewichen werden kann. Ziel der Düsseldorfer Tabelle ist es, die Unterhaltsrechtsprechung der Familiengerichte in Bezug auf den Kindesunterhalt zu standardisieren und damit gerechter zu gestalten. Die Düsseldorfer Tabelle wird durch ergänzende Unterhaltsleitlinien der einzelnen Oberlandesgerichte, die zusätzliche Erläuterungen enthalten, ergänzt. Alle zwei Jahre erfolgt eine Anpassung der Düsseldorfer Tabelle. Die nächste Anpassung der Düsseldorfer Tabelle erfolgt zum 1. Januar 2016. Im Anhang dieses Buches ist die Düsseldorfer Tabelle vollständig abgedruckt.

Düsseldorfer Tabelle Stand 1.8.2015 (alle Beträge in €):

Nettoeinkommen des Barunterhaltspflichtigen	Altersstufen in Jahren (§ 1612a Abs. 1. BGB)				Prozentsatz	Kontrollbetrag
	0–5	6–11	12–17	ab 18		
bis 1.500	328	376	440	504	100	880/1080
1.501 – 1.900	345	395	462	530	105	1.180
1.901 – 2.300	361	414	484	555	110	1.280
2.301 – 2.700	378	433	506	580	115	1.380
2.701 – 3.100	394	452	528	605	120	1.480
3.101 – 3.500	420	482	564	646	128	1.580
3.501 – 3.900	447	512	599	686	136	1.680
3.901 – 4.300	473	542	634	726	144	1.780
4.301 – 4.700	499	572	669	767	152	1.880
4.701 – 5.100	525	602	704	807	160	1.980
ab 5.101	Nach den Umständen des Falles					

Quelle: www.olg-duesseldorf.nrw.de

i Achtung!

Die Tabellensätze enthalten keine Kranken- und Pflegeversicherungsbeiträge! Ist das Kind nicht familienversichert, ist die Krankenversicherung neben dem Tabellenunterhalt zu bezahlen.

Die Düsseldorfer Tabelle muss wie folgt gelesen werden:

Wurde das unterhaltsrechtlich relevante Einkommen des Unterhaltspflichtigen berechnet, wird die entsprechende Einkommensgruppe aus der Düsseldorfer Tabelle ermittelt. Die Tabelle ist in 10 Einkommensgruppen untergliedert. Bei überdurchschnittlichen, daher über der höchsten Einkommensgruppe der Tabelle liegenden Einkommensverhältnisse des Pflichtigen, kommt eine pauschale Anhebung der Tabellensätze in Betracht. Der Unterhaltsberechtigte, daher das Kind, muss darlegen und beweisen, dass es einen höheren Unterhaltsbedarf hat, als in der Tabelle ausgewiesen. Teilhabe am Luxus ist jedoch nicht zu erfüllen. Die Erhöhung darf sich auch nicht an den Wünschen des Kindes orientieren, sondern am bisherigen Lebensstandard.

136

Bei der Tabelle wird angenommen, dass der Unterhaltspflichtige für zwei Personen Unterhalt zahlen muss. Ist nur für eine oder für mehrere Personen Unterhalt zu bezahlen, darf man Zu- oder Abschläge durch Einstufung in höhere bzw. niedrigere Einkommensgruppen vornehmen. Um wie viele Einkommensgruppen man nach oben oder unten gehen darf, wird von jedem Gericht unterschiedlich entschieden. Bei Volljährigen Kindern ist keine Höher- oder Herabstufung vorzunehmen, da die unterhaltspflichtigen Eltern durch das Zusammenrechnen der Einkommen nicht schlechter gestellt werden dürfen, als wenn der Unterhaltsanspruch nach ihrem Einkommen allein berechnet werden würden. Zusätzlich ist die Altersstufe des Kindes zu berücksichtigen.

Minderjährige Kinder:

Vater V hat ein bereinigtes Nettoeinkommen von € 2.800 und ist gegenüber zwei minderjährigen Kindern K1 fünf Jahre alt und K2 13 Jahre alt unterhaltspflichtig.

Mit dem Einkommen von € 2.800 ist V in Einkommensgruppe fünf einzuordnen. Ein Zu- oder Abschlag erfolgt nicht, da er lediglich für zwei Kinder Unterhalt zu bezahlen hat. Für K1 beträgt der Unterhaltsbetrag somit € 394 und für K2 € 528.

Volljährige Kinder:

Das volljährige Kind K1 ist 18 Jahre alt, geht noch zur Schule und wohnt bei der Mutter. Diese verfügt über ein bereinigtes Nettoeinkommen von € 1.200 und der Vater über ein bereinigtes Nettoeinkommen von € 2.300.

Das zusammengerechnete Nettoeinkommen beider Elternteile beträgt € 3.500. Hier ist die Einkommensgruppe sechs maßgebend. K1 steht ein Unterhaltsanspruch von € 646 zu.

Bei volljährigen Kindern, die nicht mehr im Haushalt eines Elternteils wohnen, beträgt der Unterhaltsfestbetrag € 670. Darin sind bis zu € 280 für Unterkunft (Warmmiete) enthalten. Beiträge zur Kranken- und Pflegeversicherung sowie Studiengebühren sind im Betrag von € 670 nicht enthalten.

Achtung!

Der Bedarfssatz für volljährige Kinder, die nicht mehr im Haushalt eines Elternteils wohnen, wird voraussichtlich zum 1.1.2016 mit der Veröffentlichung der neuen Düsseldorfer Tabelle steigen.

Bei der Düsseldorfer Tabelle ist zwischen dem sog. **Tabellenbetrag** und dem sog. **Zahlbetrag** zu unterscheiden. Die Düsseldorfer Tabelle gibt nur den sog. **Tabellenbetrag** an. Kindergeld steht grundsätzlich beiden Elternteilen zur Hälfte zu. Da nicht beide Elternteile jeweils die Hälfte des Kindergeldes ausgezahlt bekommen können, wird das Kindergeld an denjenigen Elternteil ausgezahlt, bei dem das Kind wohnt. Derjenige Elternteil, welcher zur Zahlung von Barunterhalt verpflichtet ist, kann aufgrund des Fehlens der zweiten Hälfte des Kindergeldes diese vom Unterhalt abziehen. Den sog. **Zahlbetrag** erhält man erst, wenn man das Kindergeld abzieht.

 Zahlbeträge (alle Beträge in €):

1. und 2. Kind	0–5	6–11	12–17	ab 18	%
bis 1.500	236	284	348	320	100
1.501 – 1.900	253	303	370	346	105
1.901 – 2.300	269	322	392	371	110
2.301 – 2.700	286	341	414	396	115
2.701 – 3.100	302	360	436	421	120
3.101 – 3.500	328	390	472	462	128
3.501 – 3.900	355	420	507	502	136
3.901 – 4.300	381	450	542	542	144
4.301 – 4.700	407	480	577	583	152
4.701 – 5.100	433	510	612	623	160

3. Kind	0–5	6–11	12–17	ab 18	%
bis 1.500	233	281	345	314	100
1.501 – 1.900	250	300	367	340	105
1.901 – 2.300	266	319	389	365	110
2.301 – 2.700	283	338	411	390	115
2.701 – 3.100	299	357	433	415	120
3.101 – 3.500	325	387	469	456	128
3.501 – 3.900	352	417	504	496	136

3. Kind	0–5	6–11	12–17	ab 18	%
3.901 – 4.300	378	447	539	536	144
4.301 – 4.700	404	477	574	577	152
4.701 – 5.100	430	507	609	617	160

ab 4. Kind	0–5	6–11	12–17	ab 18	%
bis 1.500	220,50	268,50	332,50	289	100
1.501 – 1.900	237,50	287,50	354,50	315	105
1.901 – 2.300	253,50	306,50	376,50	340	110
2.301 – 2.700	270,50	325,50	398,50	365	115
2.701 – 3.100	286,50	344,50	420,50	390	120
3.101 – 3.500	312,50	374,50	456,50	431	128
3.501 – 3.900	339,50	404,50	491,50	471	136
3.901 – 4.300	365,50	434,50	526,50	511	144
4.301 – 4.700	391,50	464,50	561,50	552	152
4.701 – 5.100	417,50	494,50	596,50	592	160

Quelle: www.olg-duesseldorf.nrw.de

Achtung!

Viele Unterhaltspflichtige orientieren sich mangels rechtlicher Beratung an den Tabellenbeträgen der Düsseldorfer Tabelle, ohne an den Abzug des Kindergelds zu denken und leisten folglich Überzahlungen, die nicht mehr zurückgefordert werden können!

Ermittlung des Zahlbetrages:

Der Unterhaltsverpflichtete Vater verfügt über ein bereinigtes Nettoeinkommen von € 2.400 und ist nur gegenüber seinem 17-jährigen Sohn zur Zahlung von Kindesunterhalt verpflichtet.

Mit seinem Einkommen wäre der Vater eigentlich in der Einkommensgruppe 4 einzustufen. Er ist jedoch um eine Gruppe hinaufzusetzen, da er nur gegenüber einem Kind unterhaltsverpflichtet ist. Da das Kind 17 Jahre alt ist, richtet sich der Tabellenbetrag nach der Altersstufe 3, sodass der Tabellenbetrag nach der Einkommensgruppe 5 € 528 beträgt. Hiervon ist das hälftige Kindergeld in Höhe von derzeit € 92 abziehen, sodass sich ein Zahlbetrag von € 436 ergibt.

Die Düsseldorfer Tabelle weist ferner einen sog. **Bedarfskontroll-betrag** aus. Der Bedarfskontrollbetrag des Unterhaltspflichtigen ab Gruppe zwei ist nicht identisch mit dem Eigenbedarf. Er soll eine ausgewogene Verteilung des Einkommens zwischen dem Unterhaltspflichtigen und den unterhaltsberechtigten Kindern gewährleisten. Wird er unter Berücksichtigung anderer Unterhaltspflichten unterschritten, ist der Tabellenbetrag der nächst niedrigeren Gruppe, deren Bedarfskontrollbetrag nicht unterschritten wird, anzusetzen. Nach BGH sind die Bedarfskontrollbeträge keinesfalls zwingend von den Gerichten zu beachten. Sie stellen lediglich eine denkbare Kontrolle dar.

i

Merke!

In der Praxis werden die Bedarfskontrollbeträge nur noch von wenigen Oberlandesgerichten angewandt.

a) Statischer Unterhalt

Der Unterhaltsbedarf, der nach der Düsseldorfer Tabelle ermittelt wird, kann festgelegt werden durch einen statischen Festbetrag oder als dynamischer Betrag. Der Nachteil bei der Festlegung eines statischen Festbetrages ist, dass eine Erhöhung des Betrages alle zwei Jahre als auch eine Erhöhung durch Wechsel in die nächsthöhere Altersgruppe entfällt.

b) Dynamischer Unterhalt

Der dynamische Unterhalt berechnet sich aus den Prozentangaben, die neben dem festen Zahlbetrag der Düsseldorfer Tabelle zu entnehmen sind. Ist somit eine Einstufung in eine bestimmte Einkommensgruppe der Düsseldorfer Tabelle erfolgt, so kann dem dort festgeschriebenen Kindesunterhaltsbetrag ein bestimmter Prozentsatz zugeordnet werden. Der Unterhalt erhöht sich dynamisch, sobald sich die grundlegenden Voraussetzungen verändern, so z.B. wenn das Kind in die nächst höhere Altersstufe rutscht und damit einen höheren Unterhaltsanspruch hat oder die Unterhaltstabelle an das steuerliche Existenzminimum angepasst wird. Die Dynamisierungsbestimmungen gelten nur für die Zeit der Minderjährigkeit.

Formulierungsbeispiel dynamischer Unterhalt:

Vater V will für seine beiden minderjährigen Kinder K1 7 Jahre alt und K2 3 Jahre alt einen dynamischen Unterhaltstitel vor dem Jugendamt errichten. Wegen seines Einkommens in Höhe von € 3.600 ist er in die Einkommensgruppe 7 einzustufen. Dies führt zu einem Prozentsatz von 136 %.

Der Unterhaltstitel lautet wie folgt:

1. Der Vater verpflichtet sich zu Händen der Kindsmutter für das Kind K1, geb. am 10.2.2008, beginnend ab 1.8.2015 einen monatlichen, jeweils im Voraus fälligen Kindesunterhalt in Höhe von 136 % des jeweiligen Mindestunterhaltes gem. § 1612a Abs. 1 BGB der jeweiligen Altersstufe, derzeit zweite Altersstufe, gemindert um das hälftige Kindergeld für ein erstes Kind, derzeit € 92, damit derzeit € 420, zu bezahlen.

2. Der Vater verpflichtet sich zu Händen der Kindsmutter für das Kind K2, geb. am 2.3.2012, beginnend ab 1.8.2015 einen monatlichen, jeweils im Voraus fälligen Kindesunterhalt in Höhe von 136 % des jeweiligen Mindestunterhaltes gem. § 1612a Abs. 1 BGB der jeweiligen Altersstufe, derzeit erste Altersstufe, gemindert um das hälftige Kindergeld für ein zweites Kind, derzeit € 92, damit derzeit € 355, zu bezahlen.

IV. Anspruch auf Errichtung eines Titels

Auch wenn der unterhaltsverpflichtete Elternteil seiner Unterhaltsverpflichtung nachkommt, hat das Kind Anspruch auf Errichtung eines sog. **Titels** in Höhe des ihm zustehenden Unterhaltes. Ein Titel ist eine vollstreckbare Urkunde, mit welcher sich der Unterhaltsverpflichtete der Zwangsvollstreckung unterwirft.

Achtung!

Im Falle des Zahlungsverzuges kann mit Hilfe eines Titels jederzeit die Zwangsvollstreckung betrieben und z.B. das laufende Arbeitseinkommen des Unterhaltspflichtigen oder dessen Bankguthaben gepfändet werden!

Weigert sich der unterhaltsverpflichtete Elternteil trotz Aufforderung einen entsprechenden Titel zu errichten, so kann der Unterhaltsberechtigte trotz regelmäßiger Zahlung die Errichtung eines

Titels gerichtlich einfordern. Das gerichtliche Verfahren wird der Unterhaltspflichtige – trotz regelmäßiger Unterhaltszahlungen – allein aufgrund seiner Weigerung verlieren mit der Folge, dass er alle Gerichts- und Anwaltskosten, auch die des Kindes, bezahlen muss. Minderjährige Kinder haben gem. § 1612a BGB einen Anspruch auf Errichtung eines sog. dynamischen Titels.

Tipp!

Bei den Jugendämtern kann für minderjährige Kinder und Kinder, die am Beurkundungstag das 21. Lebensjahr noch nicht vollendet haben, ein kostenloser Titel in Form einer vollstreckbaren Jugendamtsurkunde erstellt werden.

Checkliste: Erforderliche Angaben und Unterlagen für die Beurkundung beim Jugendamt

☐ *gültiger Ausweis bzw. Reisepass des unterhaltspflichtigen Elternteils*

☐ *Familienstand, Telefonnummer, Adresse des unterhaltspflichtigen Elternteils*

☐ *Geburtsurkunde des Kindes*

☐ *Unterlagen zum Nachweis der Höhe des Unterhaltes (z.B. Unterhaltsberechnung), des Sorgerechts, ggf. Nachweis über öffentliche Leistungen (z.B. Unterhaltsvorschuss)*

☐ *Name und Anschrift des Elternteils, bei dem das Kind lebt, der Rechtsanwältin/des Rechtsanwaltes zur Übersendung einer vollstreckbaren Ausfertigung der Urkunde*

Muster: Aufforderung an Elternteil zur Titelerrichtung
Per Einschreiben/Rückschein

„Lieber/liebe ….,

für unsere gemeinsame Tochter bezahlst Du regelmäßig den Kindesunterhalt. Es besteht trotzdem ein Anspruch auf Titulierung des Kindesunterhaltes. Aus diesem Grunde fordere ich Dich auf, bis spätestens zum (Datum setzen) eine vollstreckbare Urkunde über Deine Unterhaltsverpflichtung vorzulegen. Eine solche Urkunde kannst Du kostenlos beim Jugendamt errichten lassen."

V. Ermittlung des Einkommens

Die Höhe des Unterhaltsanspruchs richtet sich nach dem Einkommen des Unterhaltspflichtigen. Um den Unterhaltsanspruch berechnen zu können, muss vorher das unterhaltsrechtlich relevante Einkommen des Unterhaltspflichtigen ermittelt werden. Nicht alle Einkünfte und Abzüge können zur Ermittlung des unterhaltsrechtlich relevanten Einkommens herangezogen werden.

1. Was gehört alles zum Einkommen?

Sämtliche Einkünfte fließen in der Regel in die Bestimmung des unterhaltsrechtlichen Einkommens ein. Folgende Einnahmen werden zur Bestimmung des unterhaltsrechtlich relevanten Einkommens herangezogen:

- Einkünfte aus nichtselbstständiger Tätigkeit

- Einkünfte aus selbstständiger Tätigkeit

- Einkünfte aus Kapitalvermögen

- Einkünfte aus Vermietung und Verpachtung

- Renteneinkünfte

- Einkünfte mit Lohnersatzfunktion (Arbeitslosengeld I und Krankengeld)

- Sonderzahlungen (Weihnachts- und Urlaubsgeld, Jubiläumszahlungen, Tantiemen, Abfindungen)

- Steuererstattungen

- Nutzungsvorteile eines Firmen- oder Dienstwagens

- Naturalvergütungen (verbilligte Werkswohnung, kostenfreies Kantinenessen etc.)

- Aufwandsentschädigungen

- Wohnwert der eigenen Immobilie.

Sofern einzelne Einkünfte nicht zur Unterhaltsberechnung herangezogen werden, ist dies die Ausnahme. Arbeitslosengeld II ist eine subsidiäre Sozialleistung und damit kein unterhaltsrechtlich relevantes Einkommen. Für die Berechnung von Unterhaltszahlungen kommt es auf das sog. **bereinigte Nettoeinkommen** an. Das bereinigte Nettoeinkommen wird gebildet, indem vom Bruttoeinkommen unterhaltsrechtlich relevante Abzüge erfolgen.

Vom Bruttoeinkommen sind folgende Positionen abzuziehen:

- öffentlich-rechtliche Abgaben (Steuern)

- Vorsorgeaufwendungen (Aufwendungen zur Kranken-, Pflege- und Arbeitslosenversicherung)

- Altersvorsorgeleistungen

- Schulden

- berufsbedingte Aufwendungen (Pauschale in Höhe von 5 % des Nettoeinkommens; höhere Aufwendungen als die Pauschale müssen konkret nachgewiesen werden)

a) Nichtselbstständige Tätigkeit

Bei Nichtselbstständigen wird zur Ermittlung des unterhaltsrechtlich relevanten Einkommens das Durchschnittseinkommen der letzten zwölf Monate zugrunde gelegt.

Tipp!

Hat der Unterhaltspflichtige im Laufe eines Jahres eine Gehaltserhöhung bekommen, macht es keinen Sinn (wenn der Unterhalt für die Zukunft berechnet werden soll) die letzten zwölf Monate zugrunde zu legen. Auf Grundlage des erhöhten Gehaltes ist eine Hochrechnung für einen Jahreszeitraum vorzunehmen.

Gehaltserhöhung:

Der unterhaltspflichtige Vater hat von Januar bis August monatlich € 2.200 netto verdient. Ab September erhält er eine Gehaltserhöhung und verdient € 2.400 monatlich.

Um das Durchschnittseinkommen eines Jahres zu ermitteln, wird nur auf die Gehaltserhöhung und damit auf die € 2.400 abgestellt.

Sonderleistungen werden ebenfalls berücksichtigt. Wird dem Unterhaltspflichtigen vom Arbeitgeber ein Pkw zur privaten Nutzung zur Verfügung gestellt, ist der Vorteil seinem Einkommen anzurechnen. Der private Nutzungsvorteil wird geschätzt. Je nach Größe und Umfang der Nutzungsmöglichkeit setzt die Rechtsprechung ein zusätzliches Nettoeinkommen von € 150 bis € 300 an. Spesen und Reisekosten werden nur zu 1/3 als Einkommen angesetzt. Der Grund hierfür liegt darin, dass die Erstattung von Spesen und Reisekosten auch eine Ersparnis beinhalten, da der Arbeitnehmer Aufwendungen zu Hause umgeht. Abgezogen werden Steuern und die Beiträge zur Kranken-, Pflege-, Renten- und Arbeitslosenversicherung. Abfindungen haben bei Verlust des Arbeitsplatzes grundsätzlich Lohnersatzfunktion. Sie sollen zu Gunsten des Unterhaltsbedürftigen einen vorübergehenden Einkommensrückgang auffangen. Abfindungen sind je nach Höhe auf einen angemessenen Zeitraum zu verteilen, bis die Abfindung verbraucht wird. Sie wird zum Arbeitslosengeld dazugerechnet.

b) Selbstständige Tätigkeit

Selbstständige haben sog. **Gewinneinkünfte**. Wegen der bei Selbstständigen typischerweise auftretenden Schwankungen bei den Einkünften wird in der Regel der Durchschnitt der letzten drei Jahre, im Einzelfall auch fünf Jahre, zugrunde gelegt. Auch vom Gewinn werden die Vorsorgeaufwendungen abgezogen. Berufsbedingte Aufwendungen können Selbstständige nicht abziehen, weil diese regelmäßig als Betriebsausgaben Gewinn mindernd angesetzt werden.

Achtung!   **i**

Oft werden in den Betriebsausgaben private Ausgabenpositionen berücksichtigt, wie Kfz-, Telefon-, Bewirtungs-, Reise- und Personalkosten, verdeckte Privatentnahmen, Abschreibungen auf Anlagevermögen und Rückstellungen. Diese sind unterhaltsrechtlich vom Anwalt genau zu überprüfen. Diese privaten Ausgabenpositionen dürfen den Gewinn nicht mindern. Sie werden einer Unterhaltsberechnung so behandelt, als wären sie gar nicht angefallen.

c) Kapitaleinkünfte/Einkünfte aus Vermietung und Verpachtung

Bei diesen Gewinneinkünften wird ebenfalls der Durchschnitt der letzten drei Jahre herangezogen. Früher konnte die Höhe der Kapitaleinkünfte aus dem Einkommensteuerbescheid abgelesen werden. Mit der Einführung der Abgeltungssteuer zum 1.1.2009 ist dies nicht mehr möglich. Kapitalerträge, die den Sparer-Pauschbetrag übersteigen, von denen dann die Abgeltungsteuer einbehalten wurde, müssen nicht mehr in der Einkommensteuererklärung angegeben werden, falls auch sämtliche auf die Erträge entfallenden Kirchensteuern bereits von der Bank einbehalten wurden. Der Sparer-Pauschbetrag darf jedoch bei der Ermittlung des unterhaltsrechtlich relevanten Einkommens nicht berücksichtigt werden, d.h., dass dieser nicht von den Kapitaleinkünften abzuziehen ist.

Zur Ermittlung des Gewinns aus Einkünften aus Vermietung und Verpachtung sind Werbungskosten abzuziehen, daher Ausgaben die dem Erwerb, der Sicherung und Erhaltung der Einnahmequelle dienen. Bei Einkünften aus Vermietung und Verpachtung sind das typischerweise Ausgaben für Schuldzinsen und Reparaturkosten.

i **Achtung!**
Gebäudeabschreibungen, die sog. **AfA** (Absetzung für Abnutzung), können in Rahmen der Unterhaltsberechnung nicht Gewinn mindernd angesetzt werden. Rein tatsächlich erleiden Gebäude nämlich keinen Wertverlust.

d) Altersvorsorge

Jeder hat einen Anspruch darauf, für sein Alter entsprechend seinem Einkommen adäquat versorgt zu sein. Abzugsposten ist stets die Rentenversicherung. Die höchstrichterliche Rechtsprechung gesteht Nichtselbstständigen darüber hinaus als zweite Säule noch weitere vier Prozent des Bruttoerwerbseinkommens, daher insgesamt 24 Prozent zu, um diese für die Altersversorgung zu verwenden. Als Zusatzversorgung kommen private Lebensversicherungsbeiträge, Riesterrente, Direktversicherungen, Zusatzversorgungen im öffentlichen Dienst, Sparguthaben, Bausparverträge, Tilgung von Immobilienschulden etc. in Betracht. Ein Selbstständiger darf ebenfalls bis zu 24 Prozent seines jährlichen Bruttoeinkommens für die Altersversorgung einsetzen.

i **Achtung!**
Die Leistungen für die Altersversorgung müssen tatsächlich erbracht werden. Man kann also nicht fiktiv vom Einkommen Abzüge für die Altersversorgung abziehen, wenn tatsächlich keinerlei Altersvorsorge betrieben wird.

e) Schulden

Schulden mindern das Einkommen, soweit sie berücksichtigungswürdig sind. Zwar leiten minderjährige Kinder ihre Lebensstellung vom barunterhaltspflichtigen Elternteil ab. Bei der Berücksichtigungswürdigkeit von Schulden ist jedoch eine Interessenabwägung vorzunehmen. Generell gilt, dass von den Eltern während des Zusammenlebens aufgenommene Verbindlichkeiten zu berücksichtigen sind.

Achtung!　　　　　　　　　　　　　　　　　　　　　　　**i**

Hat ein Elternteil von seiner Unterhaltsverpflichtung gegenüber seinem Kind Kenntnis und nimmt der Unterhaltspflichtige in Kenntnis seiner Unterhaltsverpflichtung neue Schulden auf, muss geprüft werden, inwieweit die Kreditaufnahme erforderlich war.

Kommt man zu dem Ergebnis, dass die Kreditaufnahme nicht erforderlich war, so dar der Unterhaltsverpflichtete die Schuld nicht einkommensmindernd im Rahmen der Unterhaltsberechnung ansetzen.

f) Wohnwert

Indem der Unterhaltsverpflichtete im eigenen Haus oder in der eigenen Wohnung wohnt, erspart er sich Miete. Die Mietersparnis ist Bestandteil seines Einkommens. Die Höhe der Mietersparnis ist zu schätzen. Beim Kindesunterhalt ist auf die objektive Marktmiete abzustellen. Die objektive Marktmiete ist grundsätzlich die am Markt zu erzielende Miete für das konkrete Objekt. Vom Wohnwert sind Darlehenszinsen, Instandhaltungskosten sowie verbrauchsunabhängige Nebenkosten, welche nicht auf einen Mieter umgelegt werden können, abzuziehen. Die Eigenheimzulage zählt zum Einkommen.

Einkommensberechnung:　　　　　　　　　　　　　　

Der unterhaltspflichtige Vater ist angestellt und verfügt über ein Jahresgehalt von € 70.000 (Lohnsteuerklasse 1) brutto. Aus der Kirche ist er ausgetreten. Er wohnt in einer Eigentumswohnung, für welche er einen Mietzins von € 700 erzielen könnte. Auf der Wohnung lastet noch ein Immobiliendarlehen, welches er mit € 200 monatlich abbezahlt. Daneben bespart er noch einen Riestervertrag mit € 50 monatlich.

Gesamtbrutto	€ 70.000
LSt	– € 17.189
Soli	– € 945,39
AV	– € 1.050
RV	– € 6.545
KV (Eigenanteil 1/2)	– € 4.059
PV (Eigenanteil 1/2)	– € 581,63
Vorsorge	– € 50,00
Zwischenergebnis (gerundet)	**€ 39.580**
5 % berufsbedingte Aufwendungen	€ 1.979
Zwischenergebnis (gerundet)	**€ 37.601**
1/12	€ 3.133
Wohnwert	+ € 700
Einkommen (gerundet)	**€ 3.833**

2. Wie erfährt man das Einkommen des Unterhaltspflichtigen?

a) Aufforderung an den Unterhaltspflichtigen

Unterhalt kann erst verlangt werden, wenn der Unterhaltspflichtige auch hierzu vorerst aufgefordert wurde. Oft stellt sich das Problem, dass man keine Kenntnis über das genaue Einkommen des Unterhaltspflichtigen hat. Unterhalt wird vom Ersten des Monats an geschuldet, indem der genaue Unterhaltsbetrag vom Unterhaltspflichtigen auch konkret verlangt wurde, daher **in Verzug** gesetzt wurde. Für die In- Verzug- Setzung reicht es aber auch aus, den Unterhaltspflichtigen aufzufordern, Auskunft über sein Einkommen zu erteilen, damit der Unterhalt berechnet werden kann. Dieses Schreiben sollte zu Beweiszwecken per Einschreiben/Rückschein an den Unterhaltspflichtigen versandt werden.

Achtung! i

Wird der Unterhaltspflichtige nicht in Verzug gesetzt, kann Unterhalt für die Vergangenheit nicht verlangt werden. Aus diesem Grund muss der Unterhaltspflichtige sofort angeschrieben werden, wenn er keinen Unterhalt zahlt.

Muster: Auskunftsschreiben an unterhaltspflichtigen Elternteil

Per Einschreiben/Rückschein

„Lieber/liebe ...,

du bist gegenüber unserem gemeinsamen siebenjährigen Sohn zur Zahlung von Unterhalt verpflichtet. Um den Unterhalt errechnen zu können, bitte ich Dich um Auskunft über Dein monatliches Erwerbseinkommen unter Einbeziehung aller mit Deinem Arbeitsverhältnis einhergehenden Zahlungen, Lohnersatzleistungen, Steuererstattungen und Kapitaleinkünfte für den Zeitraum 1.9.2014 bis 31.8.2015. Die Auskunft hast Du zu belegen durch Vorlage von Gehaltsbescheinigungen, Lohnsteuerkarte, letzte Einkommenssteuererklärung und letzten Einkommenssteuerbescheid.

Die Auskunft lässt Du mir bitte bis spätestens (Datum setzen) zukommen."

Tipp! ✔

Reagiert der unterhaltspflichtige Elternteil auf ein solches Auskunftsschreiben nicht und muss in Folge dessen zur Geltendmachung des Unterhaltes ein Rechtsanwalt eingeschaltet werden, müssen die Rechtsanwaltskosten vom Unterhaltsschuldner bezahlt werden.

Achtung! i

Wird ein Rechtsanwalt bereits vor Inverzugsetzung eingeschaltet, muss der Auftraggeber, daher der Unterhaltsberechtigte, dessen Kosten tragen.

Der Auskunftsanspruch kann nur alle zwei Jahre geltend gemacht werden, sog. Auskunftssperre. Ergeben sich früher Anhaltspunkte für eine wesentliche Einkommensveränderung, kann der Anspruch auch früher geltend gemacht werden.

 Achtung!

Vorsicht ist bei falschen Auskünften geboten! Der Auskunftsverpflichtete kann dazu verpflichtet werden, die Richtigkeit und Vollständigkeit seiner Angaben an Eides statt zu versichern, sofern der Verdacht begründet ist, dass die Auskunft nicht mit der erforderlichen Sorgfalt erteilt worden ist. Eine falsche eidesstattliche Versicherung kann strafrechtliche Konsequenzen nach sich ziehen!

✔ **Tipp!**

Die in einzelnen Punkten unvollständige oder unrichtige Auskunft begründet nicht ohne weiteres die Annahme mangelnder Sorgfalt. Vorausgesetzt wird auch, dass sich die Unvollständigkeit oder Unrichtigkeit bei gehöriger Sorgfalt hätte vermeiden lassen.

Neben dem Auskunftsanspruch kann zusätzlich die Vorlage von Belegen verlangt werden. Auskunft und Belegvorlage sind zwei getrennte Ansprüche. Soll beides geltend gemacht werden, muss dies klar zum Ausdruck gebracht werden. Vorzulegen sind Lohn-, Gehalts- und Bezügemitteilungen bei Nichtselbstständigen, Gewinn- und Verlustrechnungen sowie Einnahmen-Überschussrechnungen bei Selbstständigen, Einkommensteuererklärungen und -bescheide und Bankbestätigungen für erhaltene Zinsausschüttungen.

b) Gerichtliche Geltendmachung des Auskunftsbegehrens

Weigert sich der Unterhaltspflichtige Auskunft zu erteilen, muss der Auskunfts- und Beleganspruch vor Gericht geltend gemacht werden.

i **Achtung!**

In Unterhaltsverfahren besteht – mit Ausnahme einer einstweiligen Anordnung – Anwaltszwang.

Das Familiengericht hat seit dem 1.9.2009 sehr weit reichende Möglichkeiten, um vom Unterhaltspflichtigen und von Dritten Auskünfte zu verlangen (§§ 235, 236 FamFG). Das Gericht kann in einem Unterhaltsverfahren von sich selbst aus anordnen, dass Auskunft über

150

Einkünfte, Vermögen und persönliche wirtschaftliche Verhältnisse erteilt wird sowie bestimmte Belege vorzulegen sind. Diese Anordnung kann das Gericht sowohl an den Unterhaltspflichtigen wie auch an den Unterhaltsberechtigten richten. Das Gericht soll für die Auskunftserteilung und Belegvorlage eine angemessene Frist setzen. Bei Zweifeln des Gerichts an der Richtigkeit der Auskunft kann es eine schriftliche Versicherung über die Vollständigkeit und Richtigkeit der Auskunft verlangen.

Tipp!
Der Anwalt kann den Antrag stellen, dass das Gericht wie oben beschrieben vorgeht. Voraussetzung hierfür ist, dass der Unterhaltspflichtige außergerichtlich zur Auskunftserteilung erfolglos aufgefordert worden war.

Weigert sich der Auskunftsverpflichtete innerhalb der gesetzten Frist, der gerichtlichen Anordnung nachzukommen, so kann das Gericht über die Höhe der Einkünfte Auskunft und bestimmte Belege beim Arbeitgeber, bei Versicherungen oder dem Finanzamt direkt anfordern.

Tipp!
Stellt der Anwalt einen entsprechenden Antrag, so muss das Gericht wie oben beschrieben vorgehen.

Sobald sämtliche Auskünfte und Belege vorliegen, kann der Unterhalt berechnet werden. Der Anwalt wird dann einen entsprechenden Antrag bei Gericht stellen, sog. **Stufenantrag**. Mit der ersten Stufe wird Auskunft und die Vorlage von Belegen verlangt. Sollten Zweifel an der Richtigkeit und Vollständigkeit der Auskünfte bestehen, kann in der zweiten Stufe ein Antrag auf Abgabe der eidesstattlichen Versicherung gestellt werden. Bestehen keine Zweifel, kann in die dritte Stufe, daher die sog. **Leistungsstufe**, übergegangen werden.

VI. Eilverfahren

Die Ermittlung des unterhaltsrelevanten Einkommens und die Berechnung von Unterhaltsansprüchen nimmt meist gewisse Zeit in Anspruch. Im Schlimmstfall muss der Anspruch in einem gerichtlichen Verfahren erst durchgesetzt werden. Dieses kann u.U. auch mehrere Monate dauern. Um in der Zwischenzeit finanzielle Engpässe zu vermeiden kann im Wege einer sog. **einstweiligen Anordnung**, einem Eilverfahren, die Zahlung von Unterhalt beantragt werden. Jedoch muss vom Unterhaltsberechtigten das Einkommen des Unterhaltsverpflichteten **glaubhaft** gemacht werden. Das heißt, man benötigt einen groben Überblick über die Einkommenssituation des Unterhaltspflichtigen und muss diese dem Gericht darlegen. Das Gericht trifft dann eine vorläufige Regelung über den Unterhaltsanspruch und die Unterhaltsverpflichtung, bis der endgültige Beschluss vom Gericht erlassen wird.

Beim Kindesunterhalt gibt es zusätzlich die Möglichkeit im **vereinfachten Verfahren** den Unterhalt, maximal das 1,2-fache des Mindestunterhaltes, daher 120 % des Mindestunterhaltes, schnell und kostengünstig geltend zu machen. Zuständig für dieses Verfahren ist der Rechtspfleger. Das Verfahren dient der erstmaligen Festsetzung von Unterhalt. Zu beachten ist, dass die Möglichkeit des vereinfachten Verfahrens nur in jenen Fällen genutzt werden kann, in denen noch kein Unterhaltstitel besteht und auch kein gerichtliches Verfahren anhängig ist.

Tipp!
Unter http://www.justiz.de/formulare/index.php kann das spezielle Antragsformular heruntergeladen werden.

Einer Begründung über die Höhe des geforderten Unterhaltes bedarf der Antrag nicht. Der eingereichte Antrag wird vom Familiengericht an den unterhaltsverpflichteten Elternteil weitergeleitet. Falls dieser keine Einwendungen erhebt, wird der Unterhalt in der beantragten Höhe festgesetzt. Jedoch ist der unterhaltspflichtige Elternteil nicht immer mit der Höhe des geforderten Unterhalts einverstanden. Gegen die Höhe des Unterhaltes können Einwendungen nur unter bestimmten Voraussetzungen vorgebracht werden. Der unterhaltspflichtige Elternteil muss in einem eigens dafür vorgesehenen Formular seine sämtlichen persönlichen und wirtschaftlichen Verhältnisse offenlegen, welche für Unterhaltszahlungen relevant sind. Diesem Formular sind Gehalts- oder Lohnabrechnungen sowie gegebenenfalls Belege über andere Einkommen beizufügen. Zusätzlich muss der unterhaltsverpflichtete Elternteil eine Erklärung darüber abgeben, inwieweit er bereit ist, Unterhaltsleistungen zu erbringen. Auch muss dieser Einwand gemäß § 252 FamFG innerhalb von einem Monat nach Erhalt des Antrags beim Gericht vorliegen.

Tipp! ✔

Unter http://www.justiz.de/formulare/index.php kann auch das spezielle Einwendungsformular heruntergeladen werden.

Vorsicht! i

Einwände werden nur berücksichtigt, wenn sämtliche Unterlagen fristgemäß beim Familiengericht eingehen. Andernfalls setzt das Gericht den Unterhalt in der beantragten Höhe fest.

Erfüllt der unterhaltspflichtige Elternteil dagegen alle Auflagen ordnungsgemäß und trägt seine Einwände vollständig vor, so teilt das Gericht dies mit und legt dann die Höhe des Unterhalts fest, in der der unterhaltspflichtige Elternteil bereit ist, den Unterhalt zu zahlen.

VII. Wer bekommt das Kindergeld?

Das Kindergeld steht grundsätzlich den Eltern zu. Der Elternteil, in dessen Haushalt das Kind lebt, bekommt den vollen Kindergeldbetrag ausgezahlt. Das Kindergeld wird bei der Familienkasse der Bundesagentur für Arbeit beantragt.

Tipp! ✔

Die Adresse der zuständigen Familienkasse erfährt man bei der jeweiligen Arbeitsagentur für Arbeit. Unter www.arbeitsagentur. de erhält man weitere zusätzlich Informationen und die nötigen Formulare zum downloaden.

Checkliste: Höhe des Kindergeldes rückwirkend seit 1.1.2015

1. bis 2. Kind	€ 188 pro Kind
3. Kind	€ 194 pro Kind
ab 4. Kind	€ 219 pro Kind

i Merke!

Das Kindergeld wird im Januar 2016 um weitere € 2 erhöht. Es ergeben sich somit folgende Kindergeldbeträge:

1. bis 2. Kind	€ 190 pro Kind
3. Kind	€ 196 pro Kind
ab 4. Kind	€ 221 pro Kind

Das Kindergeld ist zur Deckung des Barbedarfs des Kindes zu verwenden (§ 1612b Abs. 1 BGB) und zwar bei Minderjährigen zur Hälfte und bei Volljährigen in voller Höhe.

Während intakter Ehe lassen Ehepaare das Kindergeld meist auf das gemeinsame Konto oder auf das Konto des Alleinverdieners fließen. Oft vergessen Ehepaare bei ihrer Trennung, die Bezugsberechtigung des Kindergeldes zu ändern. Nach der Trennung eines Ehepaares muss vom betreuenden Elternteil bei der zuständigen Familienkasse beantragt werden, dass das Kindergeld an ihn ausbezahlt wird. Ansonsten riskiert man, zu Unrecht gezahltes Kindergeld zurückzahlen zu müssen.

 Tipp!

Um dies zu vermeiden, sollte derjenige Elternteil, der Barunterhalt leisten muss und trotz Trennung bzw. Scheidung das Kindergeld weiterhin bezieht, dafür Sorge tragen, dass er das Kindergeld nachweisbar an den anderen Ehegatten weiterleitet, am besten durch Errichtung eines Dauerauftrages.

Das Kindergeld wird für alle Kinder bis zur Vollendung des 18. Lebensjahres gezahlt. Der Anspruch auf Kindergeld verlängert sich für Kinder, die älter als 18 Jahre sind, wenn sie sich in einer Berufsausbildung befinden. In diesen Fällen kann das Kindergeld bis zum 25. Lebensjahr beantragt werden. Hat das Kind bereits eine Berufsausbildung oder ein Erststudium abgeschlossen, besteht der Anspruch auf Kindergeld bis zum 25. Lebensjahr nur weiter, wenn das Kind keiner regelmäßigen Erwerbstätigkeit mit einem Umfang von mehr als 20 Stunden pro Woche nachgeht. Kinder, die sich in keinem Ausbildungsverhältnis befinden erhalten bis zum 21. Lebensjahr Kindergeld, wenn sie bei einer Agentur für Arbeit als arbeitsuchend gemeldet sind und keiner Beschäftigung nachgehen, die monatlich mit mehr als € 450 vergütet wird. Kann ein Kind aufgrund einer

Behinderung keiner eigenen Erwerbstätigkeit nachgehen, besteht ein Anspruch auf Kindergeld auch über das 25. Lebensjahr hinaus.

Tipp!

Wenn der Kindergeld bezugsberechtigte Elternteil seinem Kind trotz bestehender Verpflichtung keinen bzw. nur unregelmäßig Unterhalt leistet, besteht die Möglichkeit, das Kindergeld direkt an das Kind leiten zu lassen (§ 74 EStG).

Das Kindergeld wird bei Minderjährigen zur Hälfte und bei Volljährigen in voller Höhe bei den Unterhaltsbeträgen der Düsseldorfer Tabelle abgezogen.

Achtung!

Im Jahr 2015 bleibt die Kindergelderhöhung aufgrund einer Ausnahmeregelung unberücksichtigt, sodass bis zum 31.12.2015 bei der Berechnung des Kindesunterhaltes die bisherigen Kindergeldsätze berücksichtigt werden. Diese betrugen für ein erstes und zweites Kind jeweils € 184, für ein drittes Kind € 190 und für jedes weitere Kind € 215.

Wird das Kindergeld allerdings tatsächlich nicht an den betreuenden Elternteil ausgezahlt, sondern erhält es der Unterhaltspflichtige, muss das halbe Kindergeld zu den Zahlbeträgen hinzugerechnet werden.

Merke! i

Die Nachzahlung für die rückwirkende Kindergelderhöhung erfolgt ab September, spätestens Oktober 2015.

VIII. Eigene Einkünfte und Vermögen des Kindes

Eigene Einkünfte des Kindes mindern den Unterhaltsanspruch, soweit sie anrechenbar sind. Kindergeld, Ausbildungsvergütungen, BAföG-Darlehen, Zinsen usw. sind grundsätzlich anrechenbar und vermindern in Folge den Unterhaltsanspruch des Kindes.

Achtung!

Studenten kann zur Reduzierung ihrer Bedürftigkeit zugemutet werden, ein BAföG-Darlehen in Anspruch zu nehmen. Wird der BAföG-Antrag bewusst nicht gestellt, ist beim Studenten entsprechend fiktives Einkommen anzusetzen. Das bedeutet, dass im Rahmen der Unterhaltsberechnung unterstellt wird, dass der Student Einnahmen in Höhe des BAföG-Satzes hat.

Geht das unterhaltsberechtigte Kind einer Erwerbstätigkeit nach, werden die Einkünfte hieraus nur berücksichtigt, wenn es sich um eine zumutbare Erwerbstätigkeit handelt. Einkünfte aus einer zumutbaren Tätigkeit werden voll angerechnet, Einkünfte aus einer unzumutbaren hingegen teilweise oder gar nicht.

Unzumutbare Tätigkeit:

Schüler, die durch einen Nebenverdienst ihr Taschengeld aufbessern, z.B. durch Zeitungsaustragen oder zur Erfüllung von „Luxuswünschen", z.B. Kauf eines Mopeds, gehen einer unzumutbaren Tätigkeit nach. Die Einkünfte werden nicht unterhaltsmindernd angerechnet. Studenten sind grundsätzlich ebenfalls nicht verpflichtet, neben dem Studium zu arbeiten, auch nicht während den Semesterferien.

Gehen die Einkünfte über einen geringfügigen Verdienst hinaus, gilt Folgendes:

- mindestens € 40 bleiben als berufsbedingte Aufwendungen anrechnungsfrei.

- Der darüber hinausgehende Betrag wird nach Billigkeit angerechnet. In den meisten Fällen wird man die Hälfte des zusätzlichen Betrages anrechnen können.

Anrechnung Einkommen eines Schülers:

Ein Schüler verdient nebenher € 450 netto. Da € 40 anrechnungsfrei bleiben, ist der Rest von € 410 nach Billigkeit anzurechnen. Rechnet man die Hälfte an, so sind dies € 205, das heißt der Unterhaltsanspruch reduziert sich um € 205.

156

Macht das Kind eine Lehre und erhält es eine Lehrlingsvergütung, ist vom Einkommen des Kindes vorab ausbildungsbedingter Mehrbedarf von € 90 abzuziehen.

Die Anrechnung von Einkommen des Kindes wird bei minderjährigen und volljährigen Kindern nicht gleich gehandhabt. Bei minderjährigen Kindern wird das Einkommen des Kindes je zur Hälfte mit dem Bar- und Naturalunterhalt verrechnet.

Beispiel Einkommen minderjähriges Kind:

Das minderjährige Kind K1 ist 16 Jahre alt, geht noch zur Schule und lebt bei seiner Mutter, die Betreuungsunterhalt leistet. K1 trägt in seiner Freizeit Zeitungen aus und verdient damit € 440 netto monatlich. Der Vater ist nur gegenüber K1 unterhaltsverpflichtet und verfügt über ein monatliches bereinigtes Nettoeinkommen von € 2.800. Der Vater schuldet somit einen monatlichen Kindesunterhalt von € 528 (Altersstufe 3, Einkommensgruppe 5, Höherstufung um eine Einkommensgruppe).

Vom geschuldeten Kindesunterhalt ist zunächst das hälftige Kindergeld von € 92 abzuziehen. Die Einkünfte von K1 sind um den anrechnungsfreien Betrag von € 40 zu bereinigen, sodass € 400 verbleiben. Nach Billigkeit ist nur die Hälfte, € 200, anzurechnen. Beide Elternteile können den Vorteil von € 200 je zur Hälfte, in Höhe von € 100, geltend machen.

Die Barunterhaltsverpflichtung des Vaters von K1 reduziert sich folglich auf € 336 (528 – 92 – 100 = € 336).

Nicht zu verwerten ist der sog. **Vermögensstamm.** Das minderjährige Kind muss beispielsweise nicht ein ererbtes Aktiendepot veräußern. Etwas anderes gilt dann, wenn beide Elternteile nicht leistungsfähig sind und auch sonst keine andere unterhaltsverpflichtete Person, wie z.B. Großeltern, vorhanden ist.

Die Einkünfte von volljährigen Kindern mindern den Barunterhalt, den beide Eltern zahlen, voll.

Beispiel Einkommen volljähriges Kind:

Das volljährige Kind K1 lebt bei seiner Mutter, macht eine Lehre und erhält eine Ausbildungsvergütung von € 500 netto monatlich. K1 hat gegen seine Eltern einen Unterhaltsanspruch von € 726 (Altersstufe 4, Einkommensgruppe 8 der Düsseldorfer Tabelle). Vom geschuldeten Unterhaltbetrag von € 726 wird das Kindergeld von € 184 zunächst abgezogen. Von der Ausbildungsvergütung bleiben nach dem Abzug des ausbildungsbedingten Mehrbedarfs von € 90 noch € 410 übrig. Die verbleibenden € 410 müssen ebenfalls vom geschuldeten Unterhaltsbetrag von € 726 abgezogen werden.

Es besteht ein Restbedarf von € 132 (726 – 184 – 410 = € 132), für den beide Eltern jeweils anteilig haften.

Soweit die Eltern einem auswärtig wohnenden Studenten nicht den vollen Unterhalt von € 670 zahlen gilt, dass der nach Abzug der € 40 verbleibende Teil des Einkommens insoweit nicht angerechnet wird, als die Eltern nicht den vollen Unterhalt zahlen.

Nicht anrechenbares Einkommen:

Der Student erhält von seinen Eltern monatlich nur € 350 Unterhalt, obwohl die Eltern € 670 schulden. Die Eltern zahlen also € 320 zu wenig. Der Student verdient nebenher € 400. Davon bleiben von vornherein € 40 als berufsbedingte Aufwendungen anrechnungsfrei.

Von dem Rest, € 360 bleiben € 320, daher der Betrag, den die Eltern nicht aufbringen, anrechnungsfrei. Denn erst dann, wenn man diese € 320 zu den € 350 Unterhalt hinzurechnet, kommt man auf den Bedarf eines Studenten von € 670.

Vom eigenen Einkommen des Studenten bleiben in diesem Beispielsfall also noch € 40 (360 – 320 = € 40) übrig, die nur zur Hälfte anzurechnen sind.

Der Unterhaltsanspruch des Studenten reduziert sich im Beispielsfall also nur um € 20, auf € 650.

Im Gegensatz zu minderjährigen Kindern müssen volljährige Kinder ihr eigenes Vermögen einsetzen, bevor sie Unterhalt verlangen können. Dem Kind muss dabei jedoch ein sog. **Schonvermögen** belassen werden. Dieses beträgt nach sozialhilferechtlichen Vorschriften derzeit € 2.600.

IX. In welchen Fällen ist kein Unterhalt zu bezahlen?

Auf Kindesunterhalt kann für die Zukunft nicht verzichtet werden, auch nicht teilweise (§ 1614 Abs. 1 BGB). Eine solche Erklärung ist nichtig. Auf Unterhaltsrückstände aus der Vergangenheit hingegen kann verzichtet werden. Von einem unzulässigen Teilverzicht für die Zukunft ist auszugehen, wenn die Tabellensätze der Düsseldorfer Tabelle um mehr als ein Drittel unterschritten werden.

Die Eltern können aber den jeweils anderen Elternteil von der Zahlung von Kindesunterhalt freistellen. Mit einer Freistellungsvereinbarung verpflichtet sich ein Elternteil gegenüber dem anderen den gesamten Kindesunterhalt allein zu bezahlen und zwar ohne, dass der freigestellte Elternteil einen Ausgleich hierfür zu leisten hat.

Wirkung der Freistellung:

Die Mutter hat den barunterhaltspflichten Vater im Rahmen einer Vereinbarung von der Zahlung von Kindesunterhalt für das gemeinsame minderjährige Kind freigestellt. Wird der Vater dennoch in Anspruch genommen, kann er von der Mutter Rückzahlung verlangen.

Muster: Freistellungsvereinbarung

Der Vater verpflichtet sich, für den Unterhalt der gemeinsamen Tochter (Name), geb. am (Datum), allein aufzukommen. Er stellt die Mutter im Innenverhältnis von jedweder Inanspruchnahme durch die Tochter frei.

Solche Vereinbarungen sind zulässig und stellen keinen Verzicht dar, da die Freistellung nur zwischen den Eltern wirkt. Das Kind ist an die Freistellungsvereinbarung nicht gebunden. Der Unterhaltsanspruch des Kindes bleibt durch die Freistellungsvereinbarung unberührt.

Achtung!

Eine Freistellungsvereinbarung darf nicht sittenwidrig sein! Dies kann z.B. dann der Fall sein, wenn die Freistellungserklärung gegen einen vom anderen Elternteil gleichzeitig erklärten Sorge- oder Umgangsrechtsverzicht erfolgt.

Die Verpflichtung zur Zahlung von Kindesunterhalt kann bei minderjährigen Kindern in den folgenden Fällen entfallen:

- das Kind hält sich gleich häufig bei den Eltern auf (sog. **Wechselmodell**)

- das Kind verfügt selbst über ein sehr großes Vermögen, aus dem es seinen Unterhalt selbst bestreiten kann (§ 1603 Abs. 2 BGB).

Bei Volljährigen Kindern kann der Unterhalt in den folgenden Fällen begrenzt werden bzw. entfallen:

- das volljährige Kind ist verheiratet. In diesen Fällen ist zunächst der Ehegatte vorrangig zur Zahlung von Unterhalt verpflichtet

- es bestehen genügend eigene Einkünfte

- die Unterhaltsbedürftigkeit durch eigenes Verschulden hervorgerufen wurde

- schwere Verfehlungen gegen den Unterhaltspflichtigen vorliegen (§ 1611 Abs. 1 BGB).

Beispiel: schwere Verfehlung:
Ein volljähriges Kind beantragt die Zahlung von Unterhalt. Während des laufenden Gerichtsverfahrens verschweigt es, dass es über längere Zeit hinweg von der Agentur für Arbeit eine Berufsausbildungsbeihilfe erhalten hat. Aufgrund dessen wird der Unterhaltspflichtige von seiner Verpflichtung zur Zahlung von Unterhalt befreit.

X. Mehr und Sonderbedarf

Die in der Düsseldorfer Tabelle ausgewiesenen Beträge beziehen sich nur auf die Kosten des normalen Bedarfs. Extraausgaben wie Nachhilfeunterricht, Kieferorthopädiekosten, Studiengebühren etc. sind in den Tabellensätzen nicht enthalten.

a) Mehrbedarf

Mehrbedarf des Kindes ist ein während eines längeren Zeitraums regelmäßig anfallender Bedarf, der die üblichen Kosten übersteigt und deshalb von den Regelsätzen der Düsseldorfer Tabelle nicht erfasst wird.

160

Laufend anfallender Mehrbedarf ist z.B.

- Kindergartenkosten,

- Schuldgeld für eine Privatschule,

- Nachhilfeunterricht,

- aufwendige Ausbildung zum Konzertpianisten,

- krankheitsbedingte Mehrkosten bei Behinderung eines Kindes.

Achtung!
Verpflegungskosten, die in einer Kindereinrichtung (z.B. Kindergarten, Kinderhort) anfallen, müssen herausgerechnet werden. Diese werden mit dem Unterhalt gemäß der Düsseldorfer Tabelle abgegolten.

Mehrbedarf kann aber nur verlangt werden, wenn die kostenverursachende Maßnahme sachlich begründet ist oder beide Elternteile damit einverstanden sind.

b) Sonderbedarf

Der Begriff des Sonderbedarfs ist im Gesetz definiert als **unregelmäßig außergewöhnlicher hoher Bedarf** (§ 1612 Abs. 2 Nr. 1 BGB). Beim Sonderbedarf handelt es sich demnach um einmalig auftretende Zahlungen, die nicht mit Wahrscheinlichkeit voraussehbar waren und deshalb bei der Bemessung des laufenden Unterhalts nicht berücksichtigt werden konnten. Sonderbedarf ist somit eine Ausnahme.

Sonderbedarf ist, z.B.

- Erstausstattung eines Säuglings

- unvorhergesehene Kosten im Krankheitsfall

- Anschaffung eines Behindertenfahrzeuges.

Achtung!
Der Sonderbedarf muss spätestens ein Jahr nach Entstehung beim Unterhaltspflichtigen geltend gemacht werden, da er ansonsten verwirkt, daher nicht mehr geltend gemacht werden kann.

i Achtung!

Kosten einer Kommunion und Konfirmation hat die Rechtsprechung nicht als Sonderbedarf anerkannt mit der Begründung, die Kosten seien absehbar. Das bedeutet, dass für diese Kosten vom laufenden Unterhalt Rücklagen zu bilden sind.

Ob Kosten für Klassenfahrten als Sonderbedarf zu qualifizieren sind, wird von den Gerichten unterschiedlich entschieden. Einige Gerichte bejahen den Sonderbedarf andere fordern, dass für diese Kosten Rücklagen zu bilden sind.

c) Wer trägt die Kosten des Mehr- und Sonderbedarfs?

Für die Kosten des Mehr- und Sonderbedarfs müssen beide Elternteile aufkommen. Sie haften anteilig gemäß ihrer Einkommens- und Vermögensverhältnisse.

Der **Haftungsanteil** berechnet sich nach folgender Formel:

Bereinigtes Nettoeinkommen eines Elternteils (N1 oder N2) abzüglich € 1.300 (angemessener Selbstbehalt) mal

(Rest-)Bedarf, geteilt durch die Summe der bereinigten Nettoeinkommen beider Eltern

(N1 + N2) abzüglich 2.600 (= 1.300 + 1.300). Haftungsanteil 1 = (N1 – 1.500) x R : (N1 + N2 – 2.300).

Berechnung: Haftungsanteile:

Der Ehemann hat ein bereinigtes Nettoeinkommen von € 3.000 und die Ehefrau von € 1.500. Die Ehefrau betreut das Kind und erhält das Kindergeld von € 184. Das Kind geht im Einvernehmen beider Eltern auf ein Internat, welches € 800 im Monat kostet.

Die Haftungsanteile schlüsseln sich auf wie folgt:

Haftungsanteil Ehemann: (3.000 – 1.300) / (3.000 + 1.500 – 2.600) = € 716 (gerundet)

Haftungsanteil Ehefrau: 800 – 716 = € 84

162

XI. Wer macht den Unterhalt geltend?

1. Alleinsorge eines Elternteils

Bei alleiniger elterlicher Sorge macht der sorgeberechtigte Elternteil, in dessen Obhut sich das Kind befindet, während der Zeit der Minderjährigkeit die Unterhaltsansprüche des Kindes, in dessen Namen, geltend.

Obhut: §

In der Obhut eines Elternteils befindet sich ein Kind, wenn es von diesem tatsächlich gepflegt und betreut wird. Obhut ist als rein tatsächliches Verhältnis zu verstehen.

Achtung! i

Befindet sich das Kind in der Obhut des nichtsorgeberechtigten Elternteils, kann Barunterhalt gegen den Alleinsorgeberechtigten nicht geltend gemacht werden, auch nicht durch Einrichtung einer Ergänzungspflegschaft. Der finanzielle Ausgleich zwischen den Eltern findet über einen unterhaltsrechtlichen Ausgleichsanspruch statt.

2. Gemeinsame Sorge

Steht die elterliche Sorge den Eltern gemeinsam zu, kann der Elternteil, in dessen Obhut sich das Kind befindet, die Unterhaltsansprüche des Kindes gegen den anderen Elternteil geltend machen (§ 1629 Abs. 2. S. 2 BGB). Diese Vorschrift stellt eine Ausnahme des **Grundsatzes des Gesamtvertretung** (§ 1629 Abs. 1 BGB) dar. Diese Ausnahme gilt grundsätzlich für alle unterhaltsrechtlichen Verfahren.

Eine Besonderheit besteht zudem bei miteinander verheirateten Eltern. Leben diese getrennt oder ist eine Ehesache, z.B. Scheidung, zwischen ihnen bei Gericht anhängig, kann der das Kind betreuende Elternteil gegenüber dem anderen den Kindesunterhalt nur in eigenem Namen geltend machen (§ 1629 Abs. 3 Satz 1 BGB), sog. **Verfahrensstandschaft.**

i Merke!

Durch die Verfahrensstandschaft sollen die Kinder aus Streitigkeiten im Rahmen der Ehescheidung und aus allen Gerichtsverfahren herausgehalten werden.

Nach der Scheidung muss das Kind den Unterhalt im eigenen Namen, gesetzlich vertreten durch den betreuenden Elternteil, geltend machen. Sobald das Kind volljährig wird, muss es seinen Unterhaltsanspruch selbst verfolgen.

i Achtung!

Wird in einem Scheidungsverfahren Antrag auf Kindesunterhalt im Verbund gestellt und wird das Kind während des laufenden Verfahrens volljährig, so ist der Verbund aufzulösen. Das Verfahren wird isoliert vom volljährigen Kind weitergeführt.

Führt der betreuende Elternteil nach Eintritt der Volljährigkeit das Verfahren weiter, muss der Unterhaltsantrag als unzulässig abgewiesen werden.

Üben die Eltern ein sog. **Wechselmodell** aus, kann keiner der Eltern das Kind im Unterhaltverfahren gesetzlich vertreten mit der Folge, dass ein Ergänzungspfleger zu bestellen ist. Dieser macht sodann die Kindesunterhaltsansprüche gegen die Eltern geltend.

 Tipp!

Ein Elternteil kann aber auch beantragen, dass ihm hinsichtlich der Geltendmachung des Unterhaltes die alleinige Entscheidungsbefugnis übertragen wird.

 Tipp!

Hat das Jugendamt die Beistandschaft übernommen, ist eine Vertretung auch bei getrenntlebenden, verheirateten und gemeinsam sorgeberechtigten Eltern zur gerichtlichen Geltendmachung von Kindesunterhalt zulässig (BGH, Beschluss vom 29. Oktober 2014, AZ: XII ZB 250/14).

3. Beistandschaft

Alleinsorgeberechtigte und – bei gemeinsamer elterlicher Sorge – Alleinerziehende, können bei den Jugendämtern die Einrichtung einer kostenlosen Beistandschaft beantragen. Der Antrag ist schriftlich zu stellen. Das Jugendamt vertritt in Folge das minderjährige Kind bei der Geltendmachung seiner Unterhaltsansprüche. Die Einrichtung der Beistandschaft schränkt das elterliche Sorgerecht nicht ein.

Achtung!

In gerichtlichen Unterhaltsverfahren darf nur der Beistand das Kind vertreten. Dies soll verhindern, dass im Verfahren widersprüchliche Erklärungen durch den Elternteil einerseits und den Beistand andererseits abgegeben werden.

Die Beistandschaft hat den Vorteil, dass der Beistand sich um die Geltendmachung des rückständigen und den laufenden Unterhaltes kümmert. Er gewährleistet, dass der Unterhaltsverpflichtete einen Kindesunterhaltstitel errichtet und vollstreckt ggf. im Anschluss den Kindesunterhalt. Die Beistandschaft kann jederzeit mittels schriftlicher Erklärung gegenüber dem Jugendamt beendet werden.

XII. Mangelfall

Von einem Mangelfall spricht man, wenn der Unterhaltspflichtige nicht alle Unterhaltsansprüche voll befriedigen kann.

Grundsätzlich muss dem Unterhaltspflichtigen ein sog. **Selbstbehalt** verbleiben. Dieser beträgt seit dem 1.1.2015

- gegenüber minderjährigen unverheirateten Kinder und

- gegenüber volljährigen unverheirateten Kindern bis zur Vollendung des 21. Lebensjahres, die im Haushalt der Eltern oder eines Elternteils leben und sich in der allgemeinen Schulausbildung befinden € 880, wenn der Unterhaltspflichtige nicht erwerbstätig ist und € 1.080 beim Erwerbstätigen. Im Selbstbehalt sind bis zu € 380 für Unterkunft einschließlich umlagefähiger Nebenkosten und Heizung, also die Warmmiete, enthalten.

Gegenüber anderen volljährigen Kindern beträgt der Selbstbehalt € 1.300, wobei hier € 480 für die Warmmiete enthalten sind.

Wird mehr Miete gezahlt, kann der Selbstbehalt entsprechend steigen.

Mit der Unterhaltsreform zum 1.1.2008 wurde die Rangfolge der Unterhaltsberechtigten neu geregelt. Im Vordergrund der Reform standen die Förderung des Kindeswohls und die Vereinfachung der Unterhaltsberechnung im Mangelfall.

§ 1609 BGB bestimmt nunmehr die Rangfolge für den Mangelfall wie folgt:

- **Erster Rang:** minderjährige unverheiratete Kinder und volljährige Kinder bis zum 21. Lebensjahr, die sich noch in der Schulausbildung befinden,

Achtung!

Ist der Unterhaltspflichtige wegen Unterschreitung des Selbstbehaltes nicht in der Lage, gegenüber Kindern in der ersten Rangklasse, den vollen Unterhalt zu bezahlen, wird der Betrag, den er leisten kann, auf alle Kinder anteilig verteilt.

Anteilige Verteilung des Kindesunterhaltes bei Unterschreitung des Selbstbehaltes:

Der Vater (V) hat ein bereinigtes Nettoeinkommen von € 1.580. Er und seine geschiedene Ehefrau (F) haben drei unterhaltsberechtigte Kinder im Alter von 15 Jahren (K1), 10 Jahren (K2) und 5 Jahren (K3). Die Kinder leben bei der Ex-Ehefrau, die nicht unterhaltsberechtigt ist und das Kindergeld für die drei gemeinsamen Kinder bezieht.

V hat einen Selbstbehalt von € 1.080. Die Verteilungsmasse, welche für den Kindesunterhalt zur Verfügung steht, beträgt € 500 (1.080 – 1.080 = € 500).

Laut der Düsseldorfer Tabelle schuldet V folgende Zahlbeträge für seine Kinder:

K1: € 348

K2: € 284

K3: € 236
_____

= € 868

V schuldet grundsätzlich € 831 Kindesunterhalt. Ihm stehen aber nur € 500 als Verteilungsmasse für den Unterhalt zur Verfügung.

Der tatsächlich geschuldete Unterhalt errechnet sich in diesem Fall wie folgt:

K1: 348 x 500/ 868 = € 200,46

K2: 284 x 500/ 868 = € 163,59

K3: 236 x 500/ 868 = € 135,94

Zusammengerechnet ergibt sich für V eine Unterhaltsverpflichtung in Höhe von gerundet € 500, welche er unter Berücksichtigung seines Selbstbehalts aufbringen kann.

- **Zweiter Rang:** Elternteile, die wegen der Betreuung eines Kindes unterhaltsberechtigt sind (ohne dass es dabei darauf ankommt, ob die Eltern je verheiratet waren) und Ehegatten bei einer Ehe von langer Dauer; bei der Feststellung einer Ehe von langer Dauer sind ehebedingte Nachteile als weitere Aspekte wertend heranzuziehen

- **Dritter Rang:** Ehegatten, die nicht unter Rang zwei fallen

- **Vierter Rang:** Volljährige Kinder, die nicht unter der ersten Rang fallen

- **Fünfter Rang:** Enkelkinder und weitere Abkömmlinge

- **Sechster Rang:** Eltern

- **Siebter Rang:** Weitere Verwandte in aufsteigender Linie.

Bleibt dem Unterhaltsverpflichteten unter Berücksichtigung des Selbstbehalts Geld übrig, so kommen zwingend die Kinder in der ersten Rangstufe an die Reihe. Der Rest ist anhand der Rangfolge und unter Berücksichtigung des Selbstbehalts zu verteilen.

XIII. Unterhaltsvorschuss

Zahlt der unterhaltspflichtige Elternteil dauerhaft keinen oder zu wenig Unterhalt, können Alleinerziehende für ihr Kind eine staatliche Leistung nach dem **Unterhaltsvorschussgesetz (UVG)** in Anspruch nehmen.

i Achtung!

Nicht zahlungswillige bzw. zahlungsfähige Elternteile werden vom Staat in Höhe des gewährten Unterhaltsvorschusses in Anspruch genommen. Der Unterhaltspflichtige wird von seiner Unterhaltsverpflichtung daher nicht befreit.

Voraussetzung für den Erhalt von Unterhaltvorschuss ist, dass das Kind

- das zwölfte Lebensjahr noch nicht vollendet hat und

- in Deutschland bei einem seiner Elternteile lebt.

Der Elternteil selbst muss

- ledig, verwitwet oder geschieden sein oder

- von seinem Ehegatten oder Lebenspartner dauernd getrennt leben.

§ Dauerndes Getrenntleben:

Ein dauerndes Getrenntleben ist dann anzunehmen, wenn zwischen den Eheleuten keine häusliche Gemeinschaft mehr besteht und zumindest einer von den zweien diese auch nicht mehr herstellen will, weil er sie ablehnt. Diesem Tatbestand gleichzusetzen ist, wenn der Ehegatte des Elternteils wegen Krankheit oder Behinderung oder auf Grund einer gerichtlichen Anordnung für voraussichtlich mindestens sechs Monate in einer Anstalt (z.B. im Gefängnis) untergebracht ist.

i Merke!

Wenn im UVG vom „Lebenspartner" die Rede ist, dann ist damit eine eingetragene Lebenspartnerschaft nach dem Lebenspartnerschaftsgesetz gemeint. Lebt ein Elternteil mit einem Partner, der kein Elternteil des Kindes ist, in einer Partnerschaft zusammen, ist das kein Grund, den Unterhaltsvorschuss zu versagen.

Des Weiteren muss hinzukommen, dass das Kind nicht oder nicht regelmäßig Unterhalt

- von dem anderen Elternteil oder

- wenn dieser oder ein Stiefelternteil gestorben ist, Waisenbezüge mindestens in der Höhe, in der sich die Leistung nach dem Unterhaltsvorschussgesetz bemessen würde

erhält.

168

Merke! ℹ️

Zuständig für die Bewilligung von Unterhaltsvorschuss sind die jeweiligen Jugendämter. Dort erhalten Sie auch den amtlichen Vordruck, der zwingend für die Antragstellung zu verwenden ist.

Es besteht die Verpflichtung, den Namen des Vaters zu nennen. Andernfalls, wird kein Unterhaltsvorschuss gewährt.

Achtung! ℹ️

Auf die Nennung des Namens des Vaters kann ausnahmsweise verzichtet werden, wenn eine „beachtliche anerkennenswerte Konfliktlage" vorliegt. Eine solche kann z.B. vorliegen, wenn Repressalien oder Misshandlungen vom Vater zu befürchten sind.

Die Höhe des Unterhaltsvorschusses richtet sich nach Regelbeträgen der ersten und zweiten Altersstufe (§ 1612a BGB, § 2 UVG) und danach, ob der Elternteil, bei dem das Kind lebt, Anspruch auf das volle Kindergeld hat.

Die rückwirkende Erhöhung des steuerlichen Grundfreibetrages führte auch zu einer Erhöhung der Unterhaltsvorschussbeträge, allerdings schon ab Juli 2015.

Nach Abzug des für ein erstes Kind zu zahlenden Kindergeldes, ergeben sich folgende Unterhaltsvorschussbeträge:

- für Kinder bis unter 6 Jahre   € 144/Monat
- für ältere Kinder bis unter 12 Jahren   € 192/Monat.

Tipp!

Da es ab dem sechsten Lebensjahr eines Kindes mehr Unterhaltsvorschuss gibt, sollten die Ansprüche des Kindes, wenn möglich, erst danach angemeldet werden.

Unterhaltszahlungen des anderen Elternteils sowie etwaige Waisenbezüge werden von den Unterhaltsvorschussbeträgen abgezogen.

Achtung! ℹ️

Unterhaltsvorschuss wird höchstens bis zur Vollendung des 12. Lebensjahres und höchstens für 72 Monate gewährt!

Der barunterhaltspflichtige Elternteil wird durch die Gewährung von Unterhaltsvorschuss nicht von seiner Unterhaltsverpflichtung befreit. Die Unterhaltsansprüche des Kindes gegen den barunterhaltspflichtigen Elternteil gehen in Höhe des gewährten Unterhaltsvorschusses auf das Bundesland über, welches dann die Ansprüche geltend macht.

i Achtung!

Die Bundesländer zögern nicht, übergegangene Unterhaltsansprüche beim barunterhaltspflichtigen Elternteil einzufordern. Sobald ein Schreiben mit einer Zahlungsaufforderung zugestellt wird, sollten Sie schnell reagieren.

i Merke!

Ab 1.1.2016 wird es eine Erhöhung des Unterhaltsvorschusses erfolgen.

Nach Abzug des für ein erstes Kind zu zahlenden Kindergeldes, dann € 190, ergeben sich ab 1.1.2016 folgende Unterhaltsvorschussbeträge:

– für Kinder bis unter 6 Jahre   € 145/Monat

– für ältere Kinder bis unter 12 Jahren   € 194/Monat.

XIV. Scheinvaterregress

Es gibt Fälle, in denen sich erst nach Jahren herausstellt, dass der Mann, der als Vater galt, nicht der biologische Vater ist. Ficht der sog. **Scheinvater** erfolgreich seine Vaterschaft an, kann er den biologischen Vater – soweit dessen Vaterschaft festgestellt oder anerkannt worden ist – in **Regress** für die geleisteten Unterhaltszahlungen nehmen.

Der Anspruch richtet sich nach dem Unterhaltsanspruch, den das Kind gegen den leiblichen Vater gemäß der Düsseldorfer Tabelle hätte, jedoch maximal nach den vom Scheinvater tatsächlich erbrachten Unterhaltsleistungen. Der Anspruch kann rückwirkend ab Geburt des Kindes geltend gemacht werden. Je nach Alter des Kindes, können sehr hohe Summen zusammenkommen.

Achtung! i

Der Regress umfasst nicht nur den Unterhalt, sondern auch die dem Scheinvater entstandenen Kosten für das Anfechtungsverfahren!

Achtung! i

Der Regress kann trotz erfolgreicher Anfechtung des Scheinvaters durch die Kindsmutter oder das Kind selbst verhindert werden! Ohne deren Mitwirkung kann es nicht zur gesetzlichen Vaterschaft des leiblichen Vaters durch Anerkennung kommen.

In Ausnahmefällen kann deswegen der leibliche Vater sich, auch ohne Feststellung seiner rechtlichen Vaterschaft, nicht darauf berufen, nicht regresspflichtig zu sein.

Sonderproblem: Auskunftsanspruch des Scheinvaters

Um seinen Regressanspruch durchsetzen zu können, muss der Scheinvater die Person des leiblichen Vaters kennen. Andernfalls kann er seine Regressansprüche nicht verfolgen. Der BGH hatte bislang aus dem Grundsatz von Treu und Glauben (§ 242 BGB) eine Verpflichtung der Mutter hergeleitet, dem Scheinvater Auskunft über den mutmaßlichen biologischen Vater zu geben. Auf die Verfassungsbeschwerde einer hiervon betroffenen Mutter gab das BVerfG mit Beschluss vom 24.2.2015 (1 BvR 472/14) der Verfassungsbeschwerde statt. Das allgemeine Persönlichkeitsrecht der Mutter schützt mit der Privat- und Intimsphäre auch das Recht, ob, und in welcher Form und wem Einblick in das eigene Geschlechtsleben gewährt wird. Für eine gerichtliche Auskunftsverpflichtung der Mutter, zur Durchsetzung eines Regressanspruches des Scheinvaters fehlt es an einer gesetzlichen Grundlage laut BVerfG. Bis der Gesetzgeber eine Regelung erschafft, wird der Scheinvater faktisch keine Auskunft über die Person des leiblichen Vaters erlangen können. Es stellt sich für die Betroffenen die Frage, ob er sich an die Kindsmutter wegen der von ihm gegenüber dem erbrachten Unterhaltsleistungen halten kann.

Achtung! i

Hierbei handelt es sich um eine rechtlich komplexe Frage, welche die Hinzuziehung von Rechtsrat erfordert.

6. Kapitel

Erbrecht

6

Die Geburt eines Kindes zieht nicht nur familien- sondern auch erbrechtliche Konsequenzen nach sich. Steht die Vaterschaft des Erblassers fest, ist das Kind erb- und pflichtteilsberechtigt.

I. Gesetzliche Erbfolge

Die gesetzliche Erbfolge tritt immer dann ein, wenn der Erblasser keine wirksame Verfügung von Todes wegen, also weder ein Testament noch einen Erbvertrag, errichtet hat. Bei Vorliegen einer derartigen Verfügung des Erblassers, richtet sich die Erbfolge nach den im Testament/Erbvertrag enthaltenen Anordnungen. Diese Anordnungen des Erblassers gehen der gesetzlichen Erbfolge vor.

1. Die gesetzlichen Erben

Das Gesetz bestimmt die Verwandten des Erblassers zu seinen Erben (§§ 1924 ff. BGB). Zu den Verwandten des Erblassers zählen seine ehelichen, nichtehelichen und adoptierten Kinder, sowie deren Abkömmlinge (Enkel, Urenkel, etc.), seine Eltern, seine Geschwister und Großeltern.

Achtung!

i

Für Erbfälle seit dem 1.4.1998 sind nichteheliche Kinder den ehelichen gleichgestellt. Das heißt, dass nichteheliche Kinder einen gesetzlichen Anspruch auf Teilhabe am Nachlass des Vaters haben. Eine Ausnahme besteht allerdings für die alten Bundesländer. Vor dem 1.7.1949 geborenen Kindern, deren Vater vor dem 29.5.2009 verstorben ist, steht kein gesetzliches Erbrecht zu. Sie gelten als nicht mit ihrem Vater verwandt und erben deshalb nichts.

Achtung!

Bei Adoptionen seit dem 1.1.1977 wird zwischen Voll- und Minderjährigen unterschieden. Ein nach dem 1.1.1977 adoptierter Minderjähriger steht einem leiblichen Kind gleich. Das Verwandtschaftsverhältnis zu den leiblichen Eltern und Verwandten des adoptierten Minderjährigen erlischt komplett. Erbrechtliche Ansprüche gibt es nur noch in der Adoptivfamilie. Bei Adoptionen Volljähriger erstrecken sich die erbrechtlichen Ansprüche nur im Verhältnis zwischen Adoptierendem und Adoptierten, nicht jedoch auf die weiteren Verwandten des Adoptierenden. Für Adoptionen vor dem 1.1.1977 wird keine Unterscheidung zwischen Minderjährigen- und Volljährigenadoption gemacht. Das Verwandtschaftsverhältnis zu den leiblichen Eltern und deren Verwandten bleibt grundsätzlich bestehen. Das hat zur Folge, dass vor dem 1.1.1977 adoptierte Kinder nach den leiblichen und den Adoptiveltern erben können. Nach den Verwandten der Adoptiveltern besteht jedoch kein Erbrecht. Die Adoptiveltern selbst sind nicht erbberechtigt am Nachlass des adoptierten Kindes.

Der Ehegatte zählt nicht zu den Verwandten. Für ihn sieht das Gesetz ein Sondererbrecht neben den Verwandten vor. Das Gesetz teilt die Verwandten des Erblassers in Ordnungen ein:

Achtung!

1. Ordnung	2. Ordnung	3. Ordnung	4. Ordnung
Abkömmlinge, daher Kinder, Enkel, Urenkel etc.	Eltern und deren Abkömmlinge, daher Geschwister, Nichten und Neffen etc.	Großeltern und deren Abkömmlinge	Urgroßeltern und deren Abkömmlinge

Eine niedrigere Ordnung geht dabei einer höheren Ordnung vor. Innerhalb der einzelnen Ordnungen gilt das sog. **Repräsentationsprinzip**. Es gelangt nur derjenige zur Erbfolge, der dem Erblasser vom Verwandtheitsgrad am nächsten steht. Kinder des Erblassers schließen grundsätzlich alle anderen vorhandenen Verwandten von der Erbfolge aus. Eine Ausnahme gilt beim Sondererbrecht des Ehegatten. Ist ein Kind des Erblassers vorverstorben, oder fällt es auf andere Weise nach dem Erbfall weg (z.B. durch Ausschlagung), so treten dessen Abkömmlinge an seine Stelle, sog. **Eintrittsrecht**. Solange ein Kind des Erblassers im Zeitpunkt des Erbfalls lebt, schließt es auch seine eigenen Kinder von der Erbfolge aus.

Eintrittsrecht:

Die verwitwete Erblasserin hatte zwei Kinder K1 und K2. Zum Zeitpunkt ihres Todes lebt nur noch ein K1. K2 hatte selbst noch ein Kind, welches zum Zeitpunkt des Erbfalls noch lebt. Die Erblasserin hat kein Testament erlassen, sodass gesetzliche Erbfolge eintritt. Erben der Erblasserin werden das Kind K1 und das überlebende Enkelkind zu je 1/2.

2. Das Sondererbrecht des Ehegatten

Dem Ehegatten des Erblassers steht neben seinen Verwandten ein Sondererbrecht zu, § 1931 BGB.

Merke!

Für den überlebenden Lebenspartner einer eingetragenen gleichgeschlechtlichen Lebenspartnerschaft gilt dasselbe. Dieser ist einem Ehegatten gleichgesetzt.

Zunächst einmal darf die Ehe des Erblassers nicht bereits geschieden sein. Ein geschiedener Ehegatte scheidet aus der Sondererbfolge aus. Lagen zum Zeitpunkt des Todes des Erblassers die Voraussetzungen einer Ehescheidung vor, daher war die Ehe zerrüttet und hat der Erblasser die Scheidung der Ehe bei Gericht beantragt oder dem Scheidungsantrag seines Ehegatten zugestimmt, so erbt der überlebende Ehegatte ebenfalls nichts. Die Erbquote des Ehegatten ist abhängig vom Güterstand, in welchem er mit dem Erblasser lebte sowie von der Frage, neben welchen Verwandten der Ehegatte erbt und welcher Ordnung die Verwandten angehören. Es wird unterschieden zwischen dem Güterstand der

- der Zugewinngemeinschaft
- der Gütertrennung
- der Gütergemeinschaft.

Wird kein Ehevertrag geschlossen, der den Güterstand einvernehmlich regelt, gilt der gesetzliche Güterstand der Zugewinngemeinschaft. Die Zugewinngemeinschaft ist keine Vermögensgemeinschaft. Das Vermögen der Ehegatten wird bei Eheschließung nicht gemeinschaftliches Vermögen; dasselbe gilt für Vermögen, welches ein Ehegatte nach Eheschließung für sich allein erwirbt. Der Zugewinn, daher alles was an Vermögen von den Ehegatten während der Ehe erwirtschaftet wird, ist jedoch bei Beendigung der Zugewinngemeinschaft – Tod eines Ehegatten oder Scheidung Ehe – auszugleichen. Anfangs- und Endvermögen werden bei Beendigung der Zugewinngemeinschaft miteinander abgeglichen. Derjenige der den höheren Zugewinn erwirtschaftet hat, ist dem anderen zum Ausgleich verpflichtet. Die Hälfte des Mehrerwerbes ist an den anderen Ehegatten auszubezahlen. Wird die Ehe der Eheleute durch den Tod eines der Ehegatten aufgelöst, erfolgt der Zugewinnausgleich durch pauschale Erhöhung der Erbquote des überlebenden Ehegatten, § 1371 BGB. Die Erbquote des überlebenden Ehegatten wird um 1/4 erhöht. Der in Zugewinngemeinschaft mit dem Erblasser lebende Ehegatte erbt neben Kindern zu 1/4. Unter Berücksichtigung der Zugewinnausgleichspauschale von 1/4, beläuft sich die Erbquote des überlebenden Ehegatten auf insgesamt 1/2. Neben Eltern und Geschwistern des Erblassers erbt der Ehegatte zu 1/2. Seine Erbquote erhöht sich um 1/4 auf 3/4 in Folge des pauschalen Zugewinnausgleiches.

Erbquote des Ehegatten im Güterstand der Zugewinngemeinschaft:

Der Erblasser und seine Ehefrau lebten im gesetzlichen Güterstand der Zugewinngemeinschaft und hatten ein Kind. Ein Testament hatte der Erblasser nicht verfasst, sodass die gesetzliche Erbfolge greift. Die Ehefrau des Erblassers erbt zu 1/4 zuzüglich der pauschalen Erhöhung von 1/4 zum Ausgleich des Zugewinns, insgesamt also 1/2. Das Kind erhält die andere Hälfte, sodass sich seine Erbquote ebenfalls auf 1/2 beläuft.

Tipp!

Das Gesetz sieht für im gesetzlichen Güterstand der Zugewinngemeinschaft lebende Ehegatten eine Besonderheit vor. Der überlebende Ehegatte kann die Erbschaft nach seinem Ehegatten ausschlagen und stattdessen den konkreten Zugewinnausgleich, anstatt des pauschalen Viertels, verlangen. Daneben erhält er den so genannten kleinen Pflichtteil (1/8) aus seiner nicht erhöhten Erbquote. Der überlebende Ehegatte muss bei Erbfall stets prüfen, welche Option für ihn rentabler ist: die Annahme der Erbschaft oder deren Ausschlagung verbunden mit der Geltendmachung des Zugewinnausgleichs zuzüglich kleinen Pflichtteils.

Den Güterstand der Gütertrennung kann ein Ehepaar nur durch den Abschluss eines notariellen Vertrages wählen. Bei der Gütertrennung bleiben die Vermögensteile auch während der Ehe getrennt. Es findet kein finanzieller Ausgleich zwischen den Ehegatten im Fall der Scheidung oder bei Tod statt. Für die Ermittlung der Erbquoten im Güterstand der Gütertrennung gilt folgende Faustregel: Der Ehegatte erbt Minimum mit einer Quote von 1/4, jedoch nie weniger als ein Kind. Neben Eltern und Geschwistern des Erblassers erbt der überlebende Ehegatte mindestens 1/2.

Erbquote Ehegatte im Güterstand der Gütertrennung:

Der im Güterstand der Gütertrennung verheiratete Erblasser hinterlässt neben seiner Ehefrau noch vier Kinder. Unter Zugrundelegung der Faustregel erbt der Ehegatte mindestens 1/4, jedoch nie weniger als ein Kind. Sind mehr als zwei Kinder vorhanden, ändert sich nichts an der Erbquote des Ehegatten. Sie beläuft sich auf 1/4. Die verbleibenden 3/4 müssen sich die Kinder teilen, sodass sie je 3/16 erhalten.

Der Güterstand der Gütergemeinschaft kommt tatsächlich relativ selten vor. Haben die Ehegatten diesen Güterstand vereinbart, so wird mit Eheschließung jegliches individuelles Eigentum zum hälftigen Eigentum des Ehegatten (sog. Gesamtgut). Dies gilt auch für Vermögen, welches vor der Hochzeit besessen wurde. Von der Gütergemeinschaft ausgenommen sind nur diejenigen Güter, die nicht übertragbar sind (sog. Sondergüter) oder die einem Ehegatten geschenkt oder vererbt werden mit der ausdrücklichen Bestimmung, dass sie nur hm gehören sollen (sog. Vorbehaltsgut).

Achtung!

Für Ehen, welche in der DDR geschlossen worden waren, gilt die Eigentums- und Vermögensgemeinschaft. Diese zeichnet sich dadurch aus, dass alle während der Ehe erworbenen Vermögensgegenstände beiden Ehegatten zu gleichen Teilen gehören. Nach dem Einigungsvertrag gilt für alle in der DDR geschlossenen Ehen der Güterstand der Zugewinngemeinschaft, wenn diesem nicht bis Oktober 1992 widersprochen wurde. Dieser Widerspruch konnte durch einseitige Erklärung eines Ehegatten gegenüber dem zuständigen Kreisgericht abgegeben werden. Dem anderen Ehegatten stand kein Widerspruchsrecht zu.

Der Nachlass besteht beim Güterstand der Gütergemeinschaft aus der Hälfte des Gesamtguts des Erblassers, aus seinem Vorbehaltsgut und aus seinem Sondergut. Der Erbteil des überlebenden Ehegatten richtet sich nach den allgemeinen Grundsätzen. Der überlebende Ehegatte erbt neben Kindern des Erblassers 1/4, neben Eltern und Geschwistern des Erblassers 1/2. Auch neben Großeltern des Erblassers beträgt die Erbquote des überlebenden Ehegatten 1/2.

II. Mindestteilhabe am Nachlass – Pflichtteilsrecht

Den Pflichtteil erhalten i.d.R. solche Personen, die von Gesetzes wegen erbberechtigt wären, jedoch nicht zur Erbfolge gelangen. Der Pflichtteilsanspruch setzt grundsätzlich die Enterbung eines gesetzlichen Erben voraus.

i **Achtung!**
In manchen Fällen kann auch die Ausschlagung eines Erbteils zu einem Pflichtteilsanspruch führen. Dies ist Laien i.d.R. nicht bekannt.

Von Gesetzes wegen sind folgende Personen pflichtteilsberechtigt:

- Abkömmlinge des Erblassers (Kinder, Enkelkinder und Urenkel etc.),

- Eltern,

- Ehegatten/eingetragene Lebenspartner des Erblassers.

Sind Abkömmlinge (Kinder, Enkel, Urenkel) vorhanden und wären diese grundsätzlich gesetzliche Erben geworden, so haben die Eltern des Erblassers kein Pflichtteilsrecht. Anders verhält es sich mit dem Ehegatten/eingetragenen Lebenspartner: dieser ist auch bei Vorhandensein von Abkömmlingen pflichtteilsberechtigt.

Der Pflichtteilsanspruch ist ein sog. **schuldrechtlicher Anspruch** gegen den Nachlass, daher auf Zahlung von Geld gerichtet. Ein Anspruch auf konkrete Gegenstände aus dem Nachlass steht dem Pflichtteilsberechtigten nicht zu. Im Gegensatz zum Erben wird der Pflichtteilsberechtigte nicht Rechtsnachfolger des Erblassers. Er hat lediglich Anspruch auf eine Mindestbeteiligung, am Nachlass. Die Mindestbeteiligung besteht in Höhe des Wertes des gesetzlichen Erbteils, sog. **Pflichtteilsquote**.

Berechnung: Pflichtteilsquote

V ist verwitwet. Aus seiner Ehe mit der bereits vorverstorbenen M sind die beiden Kinder K1 und K2 hervorgegangen. Diese beiden setzt er testamentarisch zu seinen Erben ein. Sein Kind K3 aus einer außerehelichen Beziehung hat er im Testament nicht bedacht. Nach dem Tod des V macht K3 gegenüber seinen beiden Halbgeschwistern K1 und K2 Pflichtteilsansprüche geltend. Seine Pflichtteilsquote beläuft sich auf 1/6, da sein gesetzlicher Erbteil 1/3 betragen hätte.

Bemessungsgrundlage für den Pflichtteilsanspruch ist grundsätzlich der Wert des Vermögens, dass der Erblasser zum Zeitpunkt des Erbfalls hinterlässt, abzüglich aller Schulden und Verbindlichkeiten.

III. Schutz der Kleinsten durch familienrechtliche Anordnungen

Bei Minderjährigen steht das Recht der Vermögenssorge bis zur Volljährigkeit des Kindes beiden Elternteilen und nach dem Tod eines Elternteils dem Überlebenden alleine zu. Dieser Automatismus gilt jedoch nicht, wenn der überlebende Elternteil im Zeitpunkt des Todes des anderen Elternteils nicht sorgeberechtigt war. Werden Minderjährige in einem Testament als Erben oder Vermächtnisnehmer bedacht, so hat der Erblasser die Möglichkeit mittels einer letztwilligen Verfügung einem oder beiden Elternteilen das Vermögenssorgerecht zu entziehen, § 1638 BGB. Wird das Vermögenssorgerecht für beide Elternteile vom Erblasser ausgeschlossen bzw. ist aufgrund der letztwilligen Verfügung keine sorgeberechtigte Person mehr vorhanden ist, muss vom Familiengericht ein Ergänzungspfleger bestellt werden, der die Vermögenssorge für den Minderjährigen ausübt. Der Erblasser kann in diesem Zusammenhang im Testament Vorschläge machen, wer als Pfleger eingesetzt werden soll.

Muster Entzug Vermögenssorge mit Einsetzung bestimmter Person als Pfleger:

Falls meine Enkelin Lisa zum Zeitpunkt des Erbfalles noch minderjährig ist, entziehe ich dem Vater das Recht den Erwerb von Todes wegen zu verwalten. Die Vermögensverwaltungsbefugnis soll allein der Mutter unterliegen.

Minderjährige Kinder bedürfen eines Vormunds, wenn beide oder der allein sorgeberechtigte Elternteil versterben. Für diesen Fall können Eltern im Testament einen Vormund benennen. Das Familiengericht darf nur in Ausnahmefällen, beispielsweise bei Geschäftsunfähigkeit des Vormunds, sich über die testamentarische Anordnung der Eltern hinwegsetzen.

Tipp!

Für das Familiengericht sollten in der Vormundsbestimmung Argumente angeführt werden, weshalb die benannte Person als Vormund ausgesucht worden ist, z.B. weil der gewünschte Vormund besonders zuverlässig und mit der Familie eng befreundet ist.

Muster: Vormundsbestimmung

Falls unser Sohn Karl nach unserem Tod ohne gesetzlichen Vertreter ist, benennen wir Herrn/Frau ... als Vormund.

Ist er/sie zur Übernahme der Vormundschaft nicht bereit oder nicht in der Lage, bestimmen wir ersatzweise Herrn/Frau ... zum Vormund.

Tipp!

Die Eltern können zudem bestimmen, welche Personen von einer Vormundschaft ausgeschlossen sein sollen.

IV. Eltern mit minderjährigen Kindern

Eltern (oder auch Großeltern), die planen, minderjährigen Kindern (oder Enkelkindern) einen Erwerb von Todes wegen zukommen zu lassen, sollten bei der Gestaltung ihres Testaments mit größter Sorgfalt vorgehen. Kommt nämlich ein Minderjähriger über eine Erbschaft oder ein Vermächtnis zu einem vermögensrechtlichen

Erwerb, kann dies ohne die Zuhilfenahme entsprechender erbrechtlicher Instrumente leicht unschöne Komplikationen nach sich ziehen. Ein Minderjähriger ist rechtlich und auch meist faktisch nicht in der Lage, die Geschicke seines Vermögens selbst zu lenken. Für ihn handeln entweder der oder die sorgeberechtigten Eltern oder aber auch ein vom Familiengericht bestellter Vertreter. Problematisch kann die Situation dann werden, wenn der sorgeberechtigte Elternteil juristisch in Opposition zum Minderjährigen steht, wenn also in rechtlicher Hinsicht gegenläufige Interessen und Rechtspositionen vertreten werden.

Gegenläufige Interessen:

Als Beispiel sei hier die Erbenstellung der Mutter genannt, die Vermächtnisansprüche an das eigene Kind berechnen und auskehren soll, weil die verstorbenen Groß-/Eltern es testamentarisch so angeordnet hatten.

In diesen Situationen ist die Einsetzung eines Testamentsvollstreckers sinnvoll. Dieser kümmert sich dann nach dem Erblasserwillen um die Auskehrung der Vermögenswerte, aber auch – so gewollt – bis zum Erreichen einer bestimmten Altersgrenze (vollendetes 18. Lebensjahr, aber auch älter) um deren Verwaltung.

Tipp!

Testamentsvollstreckung kann der Erblasser nur mittels letztwilliger Verfügung anordnen.

Als Testamentsvollstrecker kann der Erblasser eine oder mehrere Personen ernennen. Der Erblasser kann sogar die Benennung des Testamentsvollstreckers einer bestimmten Person oder dem Nachlassgericht auferlegen. Das Nachlassgericht bestimmt die Person des Testamentsvollstreckers auch in Fällen, in denen der Erblasser mittels letztwilliger Verfügung zwar Testamentsvollstreckung angeordnet, jedoch keine Person bestimmt hat, die das Amt ausführen soll. Mit dem Amt des Testamentsvollstreckers sollten nur Personen betraut werden, denen der Erblasser vertraut und ihnen das Amt auch tatsächlich zutraut.

Tipp!

Denken Sie immer an die Ernennung eines Ersatztestamentsvollstreckers in der letztwilligen Verfügung! Es kann vorkommen, dass die von Ihnen ausgewählte Person ausfällt oder das Amt nicht annehmen kann oder will.

Den Testamentsvollstrecker können unterschiedliche Aufgaben treffen, je nachdem, ob Abwicklungs- oder Verwaltungsvollstreckung angeordnet worden ist. Die **Abwicklungsvollstreckung** dient der Umsetzung des Willens des Erblassers und bei einer Erbengemeinschaft der Nachlassauseinandersetzung.

 Achtung!

Der Erbe kann dem Testamentsvollstrecker keine Weisungen erteilen! Dieser wird allein nach den Vorgaben des Erblassers tätig.

Bei der **Verwaltungstestamentsvollstreckung** muss der Testamentsvollstrecker den Nachlass für einen vom Erblasser vorgegebenen Zeitraum verwalten. Diese Art der Testamentsvollstreckung ist für größere Vermögen geeignet sowie bei Vorliegen von gegenläufigen Interessen und Rechtsposition.

 Tipp!

Liegt die Verwaltung des Nachlasses beim Testamentsvollstrecker, entfällt die gesetzliche Verpflichtung der Eltern eines Minderjährigen, dem Familiengericht ein Vermögensverzeichnis auszuhändigen.

Abwicklungs- und Verwaltungstestamentsvollstreckung können auch miteinander verbunden werden.

 Muster: Testamentsvollstreckung

Für meinen Nachlass ordne ich Testamentsvollstreckung an. Zum Testamentsvollstrecker bestimme ich Herrn/Frau ... . Sollte diese Person das Amt nicht wahrnehmen können, bestimme ich ersatzweise Herrn/Frau ... zum Testamentsvollstrecker. Sollten die ersatzweise zum Testamentsvollstrecker ernannten Personen ebenfalls ausfallen, soll das Nachlassgericht ersatzweise einen geeigneten Testamentsvollstrecker bestimmen.

V. Patchworktestament

In heutiger Zeit sind Patchwork-Situationen keine Seltenheit mehr. Viele Familien funktionieren nach dem Prinzip „Meine Kinder, deine Kinder, unsere Kinder" mehr oder weniger gut. Mag die Situation zu Lebzeiten beider (aller) Eltern noch gut gemeistert werden, treten nicht selten lange schwelende Konflikte nach dem Tod eines Elternteils offen zu Tage. Die Konsequenz hieraus sind häufig für alle Beteiligten in emotionaler und finanzieller Hinsicht belastende Streitigkeiten, die in aller letzter Konsequenz in der Zerschlagung von Vermögenswerten oder in einem ungewollten Vermögensabfluss an die Familie des geschiedenen Ehegatten münden. Vorgebeugt werden kann diesen misslichen Situationen durch eine gekonnte Vermögensnachfolgeplanung.

1. Vor- und Nacherbschaft

In Patchworkfamilien spielt gerade die Pflichtteilsproblematik eine entscheidende Rolle. Kinder aus früheren Beziehungen haben in vielen Fällen nicht dieselbe familiäre Bindung zum neuen Ehe-/ Lebenspartner wie leibliche Kinder. Haben der leibliche Elternteil mit dem neuen Ehe-/Lebenspartner sich mittels einem sog. **Berliner Testament** jeweils wechselseitig für den ersten Erbfall als Erben eingesetzt, sind die jeweiligen leiblichen Kinder beim Tod des leiblichen Elternteils enterbt.

Berliner Testament: §

Bei einem Berliner Testament setzen sich die Ehegatten/eingetragenen Lebenspartner gegenseitig zu alleinigen Vollerben ihres Vermögens ein. Zu Schlusserben, also zu Erben des länger lebenden Partners, werden i.d.R. die gemeinsamen Kinder eingesetzt. Natürlich kann auch ein Dritter zum Schlusserben berufen werden.

Sie können somit ihre Pflichtteilsansprüche geltend gegenüber dem neuen Ehe-/Lebenspartner machen, um sich den Mindestanteil am Nachlass des leiblichen Elternteils zu sichern.

Achtung!

Kinder aus Erstverbindungen haben mangels Verwandtschaft – soweit sie vom neuen Partner nicht adoptiert wurden – keine eigenen Pflichtteilsansprüche gegen ihn.

Die Interessen des neuen Partners richten sich dahingehend, den eigenen und nicht den angeheirateten Kindern das erwirtschaftete Vermögen zu sichern. Im Falle des eigenen Vorversterbens erhielten die Stiefkinder faktisch einen erhöhten Wertpflichtteilsanspruch: In Folge der Alleinerbeneinsetzung ginge zunächst das gesamte Vermögen auf den Ehegatten und folglich in dessen eigenes Vermögen auf. Bei dessen Tod hätten die Kinder Zugriff auf eine erhöhte Vermögensmasse, da das ursprüngliche Vermögen des Erstverstorbenen darin aufgegangen ist.

Erhöhter Wertpflichtteilsanspruch:

M und F sind jeweils in zweiter Ehe miteinander verheiratet. Beide bringen jeweils ein Kind aus erster Ehe mit, K1 und K2. Außerdem haben sie noch ein gemeinsames Kind K3. Mittels eines Berliner Testaments haben sich M und F gegenseitig für den ersten Erbfall zu Alleinerben eingesetzt. Schlusserbe nach dem Tod des Letztversterbenden soll das gemeinsame Kind K3 sein. M und F verfügen jeweils über ein Vermögen von je € 400.000.

Unterstellt M verstirbt als erstes, steht K1 ein Pflichtteilsanspruch gegen F zu, da K1 faktisch enterbt worden ist. Die Pflichtteilsquote liegt bei 1/8, sodass sich der Zahlungsanspruch auf € 50.000 beläuft (1/8 aus € 400.000). Beim zweiten Erbfall ergibt sich dasselbe Szenario für K2, wobei diese auf eine erhöhte Vermögensmasse Zugriff hat. Der Pflichtteilsanspruch von F beläuft sich auf € 100.000 (1/8 aus € 800.000). Diesen Betrag muss K3 als Schlusserbe bezahlen.

Tipp!

Mit Hilfe der juristischen Instrumente einer Vor- und Nacherbschaft kann der Erblasser den Vermögensfluss nach seinem Tod über Generationen hinweg steuern und so sicherstellen, dass beispielsweise das Familienheim bei denjenigen Personen ankommt, die ihm am liebsten sind.

Muster: Anordnung einer Vor- und Nacherbschaft
(...)

Wir setzen uns gegenseitig zu Alleinerben ein. Die Erbeinsetzungen sind allerdings dergestalt, dass der jeweils überlebende Ehegatte nur Vorerbe wird. Zu Nacherben nach dem Tod des Vorerben bestimmen wir unseren gemeinsamen Sohn.

Ort, Datum, Unterschrift

Dies ist auch mein letzter Wille.

Ort, Datum, Unterschrift

Achtung! **i**
Die testamentarische Anordnung einer Vor- und Nacherbschaft ist hochkomplex. Lassen Sie sich vorab von einem im Erbrecht versierten Rechtsanwalt hierzu beraten.

2. Vermächtnislösung

Das deutsche Erbrecht kennt keine Rechtsnachfolge in einzelne Gegenstände. Mit dem Tod des Erblassers geht der Nachlass im Wege der sog. **Gesamtrechtsnachfolge** auf den oder die Erben über. Unter einem Vermächtnis versteht man die Zuweisung lediglich einzelner Gegenstände. Konstruktionen, die mit Vermächtnislösungen arbeiten, können in Patchworkfamilien den Interessen des jeweiligen leiblichen Elternteils auch gerecht werden. So können beispielsweise die leiblichen Kinder als Erben vorgesehen werden, einem (oder mehreren) vor- oder außerehelichen Kindern oder Stiefkindern kann demgegenüber ein Vermächtnis ausgelobt werden. Dieses Modell hat den Vorteil, dass das vor- oder außereheliche Kind kein Mitglied der Erbengemeinschaft wird und so die Geschicke dieser auch nicht mit beeinflusst. Konfliktsituationen unter Stiefgeschwistern wird somit vorgebeugt. Das mit einem Vermächtnis abgefundene Kind muss dabei keineswegs finanziell schlechter behandelt werden als die Geschwister. Ein Vermächtnis kann nämlich sehr wohl auch in Höhe des Erbteils (oder sogar darüber) angeordnet werden. Der Unterschied zwischen einem Vermächtnisanspruch und einer Erbenposition liegt schlussendlich nicht in der Höhe des Erwerbs von

Todes wegen, sondern in der Rechtsstellung: nur ein Erbe tritt in die Fußstapfen des Verstorbenen. Ein Vermächtnisnehmer erhält demgegenüber einen schuldrechtlichen Anspruch gegen den Nachlass. Mit der weiteren Erbauseinandersetzung hat er, genauso wenig wie mit Abwicklungs- und Verwaltungsfragen der Erbengemeinschaft allerdings nichts zu tun. Hierin wird im Übrigen deutlich, dass die Rechtsstellung eines Vermächtnisnehmers gegenüber der eines Erben durchaus interessant sein kann. Schließlich muss sich der Vermächtnisnehmer in der Regel um nichts anderes als um den Erwerb der ihm zugesprochenen Vermögenswerte kümmern. Er ist im Vergleich zu einem Erben meist deutlich weniger belastet.

7. Kapitel

Gerichts- und Anwaltskosten

7

Die Anwaltsgebühren richten sich nach dem sog. Streit- bzw. Gegenstandswert. Sie sind gesetzlich im Rechtsanwaltsvergütungsgesetz (RVG) geregelt. Es kommt folglich nicht darauf an, ob ein Verfahren schnell durchgezogen wird oder mehrere Jahre dauert. Die Gerichtskosten richten sich in familienrechtlichen Angelegenheiten nach dem FamGKG.

I. Rechtsanwaltskosten

Anwaltskosten berechnen sich aus der Anzahl von Gebühren, in Beziehung gesetzt zum Gegenstands- bzw. Verfahrenswert. Die Gebühren werden nach Art der Tätigkeit berechnet, daher ob der Anwalt nur beratend tätig wird, den Mandanten außergerichtlich oder auch gerichtlich tätig vertritt, eine Einigung bewirkt oder nicht.

Je nach Art und Umfang der Leistung fallen für die außergerichtliche Tätigkeit eines Rechtsanwaltes eine oder mehrere Gebühren an. Die Höhe der Gebühren nach dem RVG hängt vom Umfang, Schwierigkeitsgrad und Bedeutung der Angelegenheit ab. Die Gebühr für eine Beratung, sog. **Ratsgebühr**, darf zwischen 0,1 und 1,0 der vollen Gebühr betragen und für die **Geschäftsgebühr**, nach welcher nach Mandatserteilung abzurechnen ist, darf zwischen 0,5 und 2,5 der vollen Gebühr betragen. Ein höherer Faktor als 1,3 darf bei der Geschäftsgebühr aber nur verlangt werden, wenn die Angelegenheit umfangreich und schwierig ist. In Familiensachen wird die Schwelle der 1,3 Gebühr sicherlich oft überschritten, weil viele Unterlagen in der Regel zu sichten sind und häufig viele Besprechungen abgehalten werden müssen. Wird mit Hilfe des Anwalts eine Vereinbarung geschlossen, so fällt zusätzlich eine 1,5-Einigungsgebühr an. Die Einigungsgebühr berechnet sich aus dem Gegenstandswert der Vereinbarung.

Für das gerichtliche Verfahren erhält der Anwalt in der 1. Instanz eine 1,3-Verfahrensgebühr. Werden zudem noch ein oder mehrere Gerichtstermine wahrgenommen, fällt zusätzlich eine 1,2-Terminsgebühr an. Dabei spielt es keine Rolle, wie oft der Anwalt zu Gericht muss, denn die Terminsgebühr fällt nur einmalig an. Hat der Anwalt zunächst versucht, die Angelegenheit außergerichtlich zu regeln, eine außergerichtliche Einigung aber nicht zu Stande kam, wird die Geschäftsgebühr für die außergerichtliche Tätigkeit zur Hälfte, maximal in Höhe von 0,75 auf die spätere Verfahrensgebühr angerechnet. Wird im gerichtlichen Verfahren ein Vergleich geschlossen, so dass der Richter keinen Beschluss fällen muss, erhält der Anwalt zusätzlich eine 1,0-Einigungsgebühr. Dem Anwalt steht ein Auslagenersatz zu, der pauschal zusätzliche € 20,00 beträgt; will der Anwalt eine höhere Summe einfordern, muss er diese konkret geltend machen. Abschließend kommt noch die Mehrwertsteuer mit 19 % dazu. Sofern das Gerichtsverfahren nicht an dem Gericht stattfindet, an dem der Anwalt seinen Sitz hat, entstehen Fahrtkosten und Abwesenheitsgelder. Bei den Fahrtkosten werden € 0,30 pro gefahrenen Kilometer angesetzt. Beim Abwesenheitsgeld hingegen kommt es darauf an, wie lange die Abwesenheit des Anwalts von seinem Kanzleisitz aufgrund des auswärtigen Verfahrens dauert:

- bis zu 4 Std. = € 25

- 4 bis 8 Std. = € 40

- über 8 Std. = € 70.

Seit dem 1.7.2006 können die Honorare für Anwälte frei verhandelt werden. Die Regelung gilt allerdings nur für die außergerichtliche Beratung. Hierzu zählen alle Leistungen eines Anwalts, bevor Kontakt mit der Gegenseite aufgenommen wird, daher bevor der Anwalt bevollmächtigt wird und das Mandat erteilt bekommt. Wird der Anwalt rein beratend tätig, soll er mit dem Mandanten eine Gebührenvereinbarung treffen. Das Gesetz sieht für die Erstberatung eine Höchstgrenze von € 190 zzgl. MwSt. sowie € 250 zzgl. MwSt. für jede weitere Beratung. In allen anderen Fällen ist eine Gebührenvereinbarung, sog. Honorarvereinbarung, grundsätzlich auch möglich. Die Anwaltsvergütung kann als Pauschale berechnet oder es kann nach Zeitaufwand abgerechnet werden.

Tipp!

Vor allem in erbrechtlichen Angelegenheiten sind die Gegenstandswerte i.d.R. sehr hoch, sodass es sinnvoll sein kann, mit dem Rechtsanwalt einen festen Stundensatz zu vereinbaren. In gerichtlichen Verfahren dürfen Rechtsanwälte jedoch nicht niedriger abrechnen, als das RVG es vorsieht.

Achtung!

In familien- und erbrechtlichen Angelegenheiten übernehmen Rechtsschutzversicherungen i.d.R. nur die Erstberatung, jedoch auch nur dann, wenn ein Ereignis, z.B. Geburt eines Kindes, für das eine Unterhaltspflicht besteht, eingetreten ist.

Kostenrechnung für Umgangsangelegenheit:

Kostenrechnung für gerichtliche Tätigkeit, mit vorangegangenem außergerichtlichem Einigungsversuch:

Verfahrenswert: € 3.000

	RVG	Verfahrenswert	Gebühr
1,3 Geschäftsgebühr	§§ 2, 13, 14, Nr. 2300 VV	3.000,00 €	261,30 €
1,3 Verfahrensgebühr	§§ 2, 13, 14, Nr. 3100 VV	3.000,00 €	261,30 €
0,75 anrechenbare Geschäftsgebühr		3.000,00 €	–130,65 €
1,2 Terminsgebühr	§§ 2, 13, 14, Nr. 3104 VV	3.000,00 €	241,20 €
Auslagenpauschale	Nr. 7002 VV		20,00 €
19 % MwSt.	Nr. 7008 VV	653,15 €	124,10 €
Gesamt			777,25 €

Verfahrenswert

Das Gesetz sieht für die unterschiedlichen Verfahren auch unterschiedlich hohe Verfahrenswerte vor.

a) Abstammungssachen

Bei Abstammungssachen, die die Anfechtung der Vaterschaft sowie Feststellung der Vaterschaft betreffen, beträgt der Verfahrenswert € 2.000, in den übrigen Fällen € 1.000.

b) Sorge- und Umgangsrecht

Wird zusammen mit der Scheidung, daher im Scheidungsverbund, über die elterliche Sorge bzw. den Umgang entschieden, erhöht sich der Verfahrenswert der Scheidung um 20 %, höchstens jedoch um jeweils € 3.000. Werden Sorge- und Umgangsrechtsverfahren isoliert, daher allein in einem eigenen Verfahren geltend gemacht, beträgt der Verfahrenswert € 3.000. In besonders schwierigen Fällen, kann der Verfahrenswert im Einzelfall höher sein.

c) Unterhalt

Beim Kindesunterhalt wird der Jahresbetrag des Mindestunterhaltes nach der jeweiligen Altersstufe des Kindes zugrunde gelegt werden. Wird rückständiger Unterhalt ebenfalls geltend gemacht, wird dieser dem Verfahrenswert hinzugerechnet.

Berechnung: Verfahrenswert beim Kindesunterhalt

Für ein minderjähriges Kind in der ersten Altersstufe werden 100 % des Mindestunterhaltes geltend gemacht. Zum Zeitpunkt des Antrages besteht ein Rückstand von fünf Monaten.

Der Verfahrenswert beträgt € 4.012 (12 x € 236 + (5 x € 236)).

d) Einstweilige Anordnung

Bei einstweiligen Anordnungen wird i.d.R. von der Hälfte des für die Hauptsache bestimmten Wertes ausgegangen.

Verfahrenswert einstweilige Anordnung Umgang:

Der Wert für die Hauptsache beträgt i.d.R. € 3.000, sodass für die einstweilige Anordnung lediglich € 1.500 angesetzt werden.

II. Gerichtskosten

Die Gerichtskosten richten sich ebenfalls nach dem ermittelten Verfahrenswert. Folgende Gebühren fallen jeweils in der ersten Instanz an:

- In Sorge- und Umgangsrechtsverfahren fällt eine 0,5 – Gebühr an.
- In Abstammungsverfahren fällt eine 2,0 – Gebühr an.
- In Unterhaltsverfahren fällt eine 3,0 – Gebühr an.

Gerichtskosten:
In einem Sorgerechtsverfahren mit einem Verfahrenswert von € 3.000 betragen die Gerichtskosten € 54.

Achtung!
In Unterhaltsverfahren müssen – soweit kein Anspruch auf Verfahrenskostenvorschuss oder Verfahrenskostenhilfe besteht – die Gerichtskosten im Voraus, daher mit Antragstellung bezahlt werden. Andernfalls wird der Unterhaltsantrag dem Gegner vom Gericht nicht zugestellt werden.

Dies gilt nicht für Sorge- und Umgangsrechtsverfahren sowie Abstammungsverfahren.

III. Verfahrenskostenvorschuss

In manchen Fällen können Kinder gegen ihre Eltern einen Anspruch auf Zahlung eines sog. **Verfahrenskostenvorschusses** haben. In diesen Fällen müssen die Eltern das Gerichtsverfahren finanzieren. Bei minderjährigen Kindern richtet sich der Anspruch gegen beide Eltern, daher auch gegen den betreuenden Elternteil. Volljährige Kinder haben dann Anspruch auf Gewährung eines Verfahrenskostenvorschusses, wenn sie noch keine eigene Lebensstellung erlangt haben. Dies ist i.d.R. bei der Geltendmachung von Ausbildungsunterhalt der Fall.

Achtung!
Das die Feststellung der Vaterschaft begehrende Kind hat gegen den „vermeintlichen" Vater keinen Vorschussanspruch.

191

Um einen Anspruch auf Verfahrenskostenvorschuss zu haben, muss das den Verfahrenskostenvorschuss begehrende Kind bedürftig, daher nicht im Stande sein, die Verfahrenskosten selbst zu tragen. Bei Vorhandensein von Vermögen muss dieses vorher ggf. eingesetzt werden. Zusätzlich müssen

- die Eltern leistungsfähig sein. Sie müssen über genügend Einkommen verfügen, um auch noch das Verfahren des Kindes Ehegatten finanzieren zu können. Eltern schulden ihrem minderjährigen Kind Verfahrenskostenvorschuss selbst dann, wenn sie für ihr eigenes Verfahren Verfahrenskostenhilfe gegen Raten in Anspruch nehmen können.

- Das Verfahren muss hinreichende Aussicht auf Erfolg haben.

- Es darf insgesamt nicht unbillig sein, dass die Eltern diesen Vorschuss leisten müssen.

- Die Höhe des Verfahrenskostenvorschusses richtet sich nach den voraussichtlichen Kosten, welche für das Gericht und den Anwalt anfallen werden.

Der Verfahrenskostenvorschuss muss zunächst durch den Anwalt gegenüber den Eltern außergerichtlich geltend gemacht werden. Die genaue Höhe des Verfahrenskostenvorschusses muss der Anwalt dabei vorher ermitteln und dem Gegner mitteilen. Wird der Verfahrenskostenvorschuss nicht freiwillig gezahlt, muss er gerichtlich geltend gemacht werden.

IV. Verfahrenskosten-/Beratungshilfe

1. Verfahrenskostenhilfe

Wer nach seinen persönlichen und wirtschaftlichen Verhältnissen nicht in der Lage ist, die Kosten der Verfahrensführung ganz oder teilweise aufzubringen, kann Verfahrenskostenhilfe beantragen.

i Achtung!
Wer Anspruch auf Verfahrenskostenvorschuss hat, hat keinen Anspruch auf Gewährung von Verfahrenskostenhilfe! Der Anspruch auf Verfahrenskostenvorschuss geht vor.

Verfahrenskostenhilfe ist dasselbe wie Prozesskostenhilfe. Das FamFG spricht seit dem 1.1.2009 von Verfahrenskostenhilfe. Weitere Voraussetzung für die Gewährung von Verfahrenskostenhilfe ist, dass die beabsichtigte Rechtsverfolgung oder Rechtsverteidigung hinreichende Aussicht auf Erfolg bietet und nicht mutwillig erscheint.

Achtung!   **i**

Im Rahmen von Unterhaltsverfahren wird für einen Zahlungsantrag Verfahrenskostenhilfe nur gewährt, wenn der Unterhaltsschuldner, der regelmäßig und pünktlich bezahlt, außergerichtlich erfolglos zur Errichtung eines Titels aufgefordert worden ist.

Die Verfahrenskostenhilfe kann über den Anwalt oder direkt bei Gericht beantragt werden. Hierfür muss eine „Erklärung über die persönlichen und wirtschaftlichen Verhältnisse abgegeben" werden. Jede einzelne Position in der Erklärung muss belegt werden. Dies bedeutet, dass Gehaltsabrechnungen, Kontoauszüge, Mietvertrag etc. beigefügt werden müssen. Das Gericht kann, soweit dies zumutbar ist, anordnen, dass Vermögen (z.B. Sparbuch) für die Verfahrenskosten einzusetzen ist. Sobald dem Familienrichter sämtliche Unterlagen vorliegen, entscheidet er über den Antrag auf Verfahrenskostenhilfe. Verfahrenskostenhilfe kann auf zwei Arten bewilligt werden. Es kann Verfahrenskostenhilfe ohne Ratenzahlung bewilligt werden. Der Staat übernimmt dann die eigenen anfallenden Gerichtskosten sowie die Kosten des Anwalts. Bei Bewilligung mit Ratenzahlung muss an die Landesjustizkasse jeden Monat ein bestimmter Betrag zurückgezahlt werden, maximal jedoch für 48 Monate. Ändern sich im Laufe des Verfahrens oder innerhalb von vier Jahren die wirtschaftlichen Verhältnisse, werden diese Änderungen berücksichtigt. Bei Verbesserung der wirtschaftlichen Verhältnisse, kann das Gericht nachträglich Raten- oder Einmalzahlung anordnen. Verschlechtern sich die wirtschaftlichen Verhältnisse, kann sich die Ratenzahlung verringern bzw. ganz wegfallen.

Achtung!   **i**

Nach Beendigung des Gerichtsverfahrens kann nachträglich keine Verfahrenskostenhilfe beantragt werden. Der Antrag muss spätestens vor Schluss der letzten mündlichen Verhandlung gestellt werden.

Wird die Verfahrenskostenhilfe bewilligt, trägt die Staatskasse die angefallenen Gerichtskosten und die Kosten des eigenen Anwalts.

Achtung!

Die Kosten des gegnerischen Anwalts werden von der Verfahrenskostenhilfe nicht gedeckt. Bei Unterliegen in einem gerichtlichen Verfahren, sind die Kosten des gegnerischen Anwalts von dem Beteiligten, der das Verfahren verloren hat, trotz bewilligter Verfahrenskostenhilfe zu bezahlen.

Tipp!

Unter http://www.justiz.de/formulare/index.php kann das Antragsformular für die Verfahrenskostenhilfe heruntergeladen werden.

2. Beratungshilfe

Die Verfahrenskostenhilfe deckt nur die Kosten des gerichtlichen Verfahrens. Für die außergerichtliche Tätigkeit des Anwalts gibt es als Pendant zur Verfahrenskostenhilfe die Beratungshilfe. Bei den Rechtsantragstellen der Amtsgerichte kann ein Berechtigungsschein beantragt werden, welcher dem Anwalt dann für die außergerichtliche Tätigkeit vorgelegt wird. Beim Anwalt sind dann nur noch € 10 an Eigenbeteiligung zu bezahlen.

Achtung!

Grundsätzlich ist ein Anwalt dazu verpflichtet, die Beratungshilfe zu übernehmen. Die Beratung kann nur aus wichtigen Gründen abgelehnt werden. Ansonsten verstößt ein Anwalt gegen seine Berufspflicht (§ 49a BRAO).

V. Wer trägt die Kosten des Verfahrens?

Seit dem 1.1.2009 kann das Gericht über die Kosten eines Verfahrens nach billigem Ermessen entscheiden. In Sorge- und Umgangsrechtsverfahren werden die Kosten i.d.R. gegeneinander aufgehoben. Das bedeutet, dass jeder seine eigenen Anwaltskosten zu tragen hat und die Gerichtskosten hälftig geteilt werden.

In Unterhaltsverfahren spielt bei der Kostenentscheidung des Gerichts nicht nur das Gewinnen oder Verlieren des Verfahrens eine Rolle, sondern auch, ob Auflagen des Gerichts, wie z.B. Auskunft über das Einkommen zu erteilen, missachtet wurden. I.d.R. werden dem im Unterhaltsverfahren unterlegenen Beteiligten die Kosten auferlegt.

Achtung!

Grundsätzlich gilt: Wer in einem Gerichtsverfahren unterliegt, muss auch die Anwaltskosten des Gegners übernehmen.

Anhang

I. Verzeichnis der Checklisten und Musterformulare

1. Checklisten

2. Muster

II. Düsseldorfer Tabelle (Stand: 1.8.2015)

A. Kindesunterhalt

Nettoeinkommen des Barunterhaltspflichtigen (Anm. 3, 4)	Altersstufen in Jahren (§ 1612a Abs. 1. BGB)				Prozentsatz	Kontrollbetrag (Anm. 6)
	0–5	6–11	12–17	ab 18		
Alle Beträge in €						
bis 1.500	328	376	440	504	100	880/1080
1.501 – 1.900	345	395	462	530	105	1.180
1.901 – 2.300	361	414	484	555	110	1.280
2.301 – 2.700	378	433	506	580	115	1.380
2.701 – 3.100	394	452	528	605	120	1.480
3.101 – 3.500	420	482	564	646	128	1.580
3.501 – 3.900	447	512	599	686	**136**	1.680
3.901 – 4.300	473	542	634	726	144	1.780

Nettoeinkommen des Barunterhaltspflichtigen (Anm. 3, 4)	Altersstufen in Jahren (§ 1612a Abs. 1. BGB)				Prozentsatz	Kontrollbetrag (Anm. 6)
	0–5	6–11	12–17	ab 18		
Alle Beträge in €						
4.301 – 4.700	499	572	669	767	152	1.880
4.701 – 5.100	525	602	704	807	160	1.980
ab 5.101	Nach den Umständen des Falles					

Anmerkungen:

1. Die Tabelle hat keine Gesetzeskraft, sondern stellt eine Richtlinie dar. Sie weist den monatlichen Unterhaltsbedarf aus, bezogen auf zwei Unterhaltsberechtigte, ohne Rücksicht auf den Rang. Der Bedarf ist nicht identisch mit dem Zahlbetrag; dieser ergibt sich unter Berücksichtigung der nachfolgenden Anmerkungen.

Bei einer größeren/geringeren Anzahl Unterhaltsberechtigter können Ab- oder Zuschläge durch Einstufung in niedrigere/höhere Gruppen angemessen sein. Anmerkung 6 ist zu beachten. Zur Deckung des notwendigen Mindestbedarfs aller Beteiligten – einschließlich des Ehegatten – ist gegebenenfalls eine Herabstufung bis in die unterste Tabellengruppe vorzunehmen. Reicht das verfügbare Einkommen auch dann nicht aus, setzt sich der Vorrang der Kinder im Sinne von Anm. 5 Abs. 1 durch. Gegebenenfalls erfolgt zwischen den erstrangigen Unterhaltsberechtigten eine Mangelberechnung nach Abschnitt C.

2. Die Richtsätze der 1. Einkommensgruppe entsprechen dem Mindestbedarf in Euro gemäß § 1612a BGB. Der Prozentsatz drückt die Steigerung des Richtsatzes der jeweiligen Einkommensgruppe gegenüber dem Mindestbedarf (= 1. Einkommensgruppe) aus. Die durch Multiplikation des gerundeten Mindestbedarfs mit dem Prozentsatz errechneten Beträge sind entsprechend § 1612a Abs. 2 S. 2 BGB aufgerundet.

3. Berufsbedingte Aufwendungen, die sich von den privaten Lebenshaltungskosten nach objektiven Merkmalen eindeutig abgrenzen lassen, sind vom Einkommen abzuziehen, wobei bei entsprechenden Anhaltspunkten eine Pauschale von 5 % des Nettoeinkommens –

mindestens 50 EUR, bei geringfügiger Teilzeitarbeit auch weniger, und höchstens 150 EUR monatlich – geschätzt werden kann. Übersteigen die berufsbedingten Aufwendungen die Pauschale, sind sie insgesamt nachzuweisen.

4. Berücksichtigungsfähige Schulden sind in der Regel vom Einkommen abzuziehen.

5. Der notwendige Eigenbedarf (Selbstbehalt) – gegenüber minderjährigen unverheirateten Kindern, – gegenüber volljährigen unverheirateten Kindern bis zur Vollendung des 21. Lebensjahres, die im Haushalt der Eltern oder eines Elternteils leben und sich in der allgemeinen Schulausbildung befinden, beträgt beim nicht erwerbstätigen Unterhaltspflichtigen monatlich 880 EUR, beim erwerbstätigen Unterhaltspflichtigen monatlich 1.080 EUR. Hierin sind bis 380 EUR für Unterkunft einschließlich umlagefähiger Nebenkosten und Heizung (Warmmiete) enthalten. Der Selbstbehalt soll erhöht werden, wenn die Wohnkosten (Warmmiete) den ausgewiesenen Betrag überschreiten und nicht unangemessen sind.

Der angemessene Eigenbedarf, insbesondere gegenüber anderen volljährigen Kindern, beträgt in der Regel mindestens monatlich 1.300 EUR. Darin ist eine Warmmiete bis 480 EUR enthalten.

6. Der Bedarfskontrollbetrag des Unterhaltspflichtigen ab Gruppe 2 ist nicht identisch mit dem Eigenbedarf. Er soll eine ausgewogene Verteilung des Einkommens zwischen dem Unterhaltspflichtigen und den unterhaltsberechtigten Kindern gewährleisten. Wird er unter Berücksichtigung anderer Unterhaltspflichten unterschritten, ist der Tabellenbetrag der nächst niedrigeren Gruppe, deren Bedarfskontrollbetrag nicht unterschritten wird, anzusetzen.

7. Bei volljährigen Kindern, die noch im Haushalt der Eltern oder eines Elternteils wohnen, bemisst sich der Unterhalt nach der 4. Altersstufe der Tabelle.

Der angemessene Gesamtunterhaltsbedarf eines Studierenden, der nicht bei seinen Eltern oder einem Elternteil wohnt, beträgt in der Regel monatlich 670 EUR. Hierin sind bis 280 EUR für Unterkunft einschließlich umlagefähiger Nebenkosten und Heizung (Warmmiete) enthalten. Dieser Bedarfssatz kann auch für ein Kind mit eigenem Haushalt angesetzt werden.

8. Die Ausbildungsvergütung eines in der Berufsausbildung stehenden Kindes, das im Haushalt der Eltern oder eines Elternteils wohnt,

ist vor ihrer Anrechnung in der Regel um einen ausbildungsbedingten Mehrbedarf von monatlich 90 EUR zu kürzen.

9. In den Bedarfsbeträgen (Anmerkungen 1 und 7) sind Beiträge zur Kranken- und Pflegeversicherung sowie Studiengebühren nicht enthalten.

10. Das auf das jeweilige Kind entfallende Kindergeld ist nach § 1612b BGB auf den Tabellenunterhalt (Bedarf) anzurechnen.

B. Ehegattenunterhalt

I. Monatliche Unterhaltsrichtsätze des berechtigten Ehegatten ohne unterhaltsberechtigte Kinder (§§ 1361, 1569, 1578, 1581 BGB):

1. gegen einen erwerbstätigen Unterhaltspflichtigen:

a) wenn der Berechtigte kein Einkommen hat:

3/7 des anrechenbaren Erwerbseinkommens zuzüglich 1/2 der anrechenbaren sonstigen Einkünfte des Pflichtigen, nach oben begrenzt durch den vollen Unterhalt, gemessen an den zu berücksichtigenden ehelichen Verhältnissen;

b) wenn der Berechtigte ebenfalls Einkommen hat:

3/7 der Differenz zwischen den anrechenbaren Erwerbseinkommen der Ehegatten, insgesamt begrenzt durch den vollen ehelichen Bedarf; für sonstige anrechenbare Einkünfte gilt der Halbteilungsgrundsatz;

c) wenn der Berechtigte erwerbstätig ist, obwohl ihn keine Erwerbsobliegenheit trifft:

gemäß § 1577 Abs. 2 BGB;

2. gegen einen nicht erwerbstätigen Unterhaltspflichtigen (z.B. Rentner):

wie zu 1 a, b oder c, jedoch 50 %.

II. Fortgeltung früheren Rechts:

1. Monatliche Unterhaltsrichtsätze des nach dem Ehegesetz berechtigten Ehegatten ohne unterhaltsberechtigte Kinder:

a) §§ 58, 59 EheG: in der Regel wie I,

b) § 60 EheG: in der Regel 1/2 des Unterhalts zu I,

c) § 61 EheG: nach Billigkeit bis zu den Sätzen I.

2. Bei Ehegatten, die vor dem 3.10.1990 in der früheren DDR geschieden worden sind, ist das DDR-FGB in Verbindung mit dem Einigungsvertrag zu berücksichtigen (Art. 234 § 5 EGBGB).

III. Monatliche Unterhaltsrichtsätze des berechtigten Ehegatten, wenn die ehelichen Lebensverhältnisse durch Unterhaltspflichten gegenüber Kindern geprägt werden:

Wie zu I bzw. II 1, jedoch wird grundsätzlich der Kindesunterhalt (Zahlbetrag; vgl. Anm. C und Anhang) vorab vom Nettoeinkommen abgezogen.

IV. Monatlicher Eigenbedarf (Selbstbehalt) gegenüber dem getrennt lebenden und dem geschiedenen Berechtigten:

unabhängig davon, ob erwerbstätig oder nicht erwerbstätig
1.200 EUR

Hierin sind bis 430 EUR für Unterkunft einschließlich umlagefähiger Nebenkosten und Heizung (Warmmiete) enthalten.

V. Existenzminimum des unterhaltsberechtigten Ehegatten einschließlich des trennungsbedingten Mehrbedarfs in der Regel:

1. falls erwerbstätig: 1.080 EUR

2. falls nicht erwerbstätig: 880 EUR

VI. 1. Monatlicher notwendiger Eigenbedarf des von dem Unterhaltspflichtigen getrennt lebenden oder geschiedenen Ehegatten unabhängig davon, ob erwerbstätig oder nicht erwerbstätig:

a) gegenüber einem nachrangigen geschiedenen
   Ehegatten   1.200 EUR

b) gegenüber nicht privilegierten volljährigen Kindern   1.300 EUR

c) gegenüber Eltern des Unterhaltspflichtigen   1.800 EUR

2. Monatlicher notwendiger Eigenbedarf des Ehegatten, der in einem gemeinsamen Haushalt mit dem Unterhaltspflichtigen lebt, unabhängig davon, ob erwerbstätig oder nicht erwerbstätig:

a) gegenüber einem nachrangigen geschiedenen
   Ehegatten   960 EUR

b) gegenüber nicht privilegierten volljährigen Kindern   1.040 EUR

c) gegenüber Eltern des Unterhaltspflichtigen   1.440 EUR
(vgl. Anm. D I)

Anmerkung zu I–III:

Hinsichtlich berufsbedingter Aufwendungen und berücksichtigungs-
fähiger Schulden gelten Anmerkungen A.3 und 4 – auch für den
erwerbstätigen Unterhaltsberechtigten – entsprechend. Diejenigen
berufsbedingten Aufwendungen, die sich nicht nach objektiven
Merkmalen eindeutig von den privaten Lebenshaltungskosten abgrenzen lassen, sind pauschal im Erwerbstätigenbonus von 1/7
enthalten.

C. Mangelfälle

Reicht das Einkommen zur Deckung des Bedarfs des Unterhaltspflichtigen und der gleichrangigen Unterhaltsberechtigten nicht aus
(sog. Mangelfälle), ist die nach Abzug des notwendigen Eigenbedarfs
(Selbstbehalts) des Unterhaltspflichtigen verbleibende Verteilungsmasse auf die Unterhaltsberechtigten im Verhältnis ihrer jeweiligen
Einsatzbeträge gleichmäßig zu verteilen.

Der Einsatzbetrag für den Kindesunterhalt entspricht dem Zahlbetrag des Unterhaltspflichtigen. Dies ist der nach Anrechnung des
Kindergeldes oder von Einkünften auf den Unterhaltsbedarf verbleibende Restbedarf.

Beispiel: Bereinigtes Nettoeinkommen des Unterhaltspflichtigen
(M): 1.350 EUR. Unterhalt für drei unterhaltsberechtigte Kinder im
Alter von 18 Jahren (K1), 7 Jahren (K2) und 5 Jahren (K3), Schüler,

Notwendiger Eigenbedarf des M:			1.080 EUR
Verteilungsmasse	1.350 – 1.080	=	270 EUR
Summe der Einsatzbeträge der Unterhaltsberechtigten	320 (K1: 504 – 184) + 284 (K2: 376 – 92) + 233 (K3: 328 – 95)	=	837 EUR
Unterhalt:			
K1	320 x 270 : 837	=	103,23 EUR
K2	284 x 270 : 837	=	91,61 EUR
K3	233 x 270 : 837	=	75,16 EUR

die bei der nicht unterhaltsberechtigten, den Kindern nicht barunterhaltspflichtigen Ehefrau und Mutter (F) leben. F bezieht das Kindergeld

D. Verwandtenunterhalt und Unterhalt nach § 1615 l BGB

I. Angemessener Selbstbehalt gegenüber den Eltern: mindestens monatlich 1.800 EUR (einschließlich 480 EUR Warmmiete) zuzüglich der Hälfte des darüber hinausgehenden Einkommens, bei Vorteilen des Zusammenlebens in der Regel 45 % des darüber hinausgehenden Einkommens. Der angemessene Unterhalt des mit dem Unterhaltspflichtigen zusammenlebenden Ehegatten bemisst sich nach den ehelichen Lebensverhältnissen (Halbteilungsgrundsatz), beträgt jedoch mindestens 1.440 EUR (einschließlich 380 EUR Warmmiete).

II. Bedarf der Mutter und des Vaters eines nichtehelichen Kindes (§ 1615 I BGB): nach der Lebensstellung des betreuenden Elternteils, in der Regel mindestens 880 EUR.

Angemessener Selbstbehalt gegenüber der Mutter und dem Vater eines nichtehelichen Kindes (§§ 1615 I, 1603 Abs. 1 BGB): unabhängig davon, ob erwerbstätig oder nicht erwerbstätig: 1.200 EUR.

Hierin sind bis 430 EUR für Unterkunft einschließlich umlagefähiger Nebenkosten und Heizung (Warmmiete) enthalten.

E. Übergangsregelung

Umrechnung dynamischer Titel über Kindesunterhalt nach § 36 Nr. 3 EGZPO: Ist Kindesunterhalt als Prozentsatz des jeweiligen Regelbetrages zu leisten, bleibt der Titel bestehen. Eine Abänderung ist nicht erforderlich. An die Stelle des bisherigen Prozentsatzes vom Regelbetrag tritt ein neuer Prozentsatz vom Mindestunterhalt (Stand: 1.1.2008). Dieser ist für die jeweils maßgebliche Altersstufe gesondert zu bestimmen und auf eine Stelle nach dem Komma zu begrenzen (§ 36 Nr. 3 EGZPO). Der Prozentsatz wird auf der Grundlage der zum 1.1.2008 bestehenden Verhältnisse einmalig berechnet und bleibt auch bei späterem Wechsel in eine andere Altersstufe unverändert (BGH Urteil vom 18.4.12 – XII ZR 66/10 – FamRZ 2012, 1048). Der Bedarf ergibt sich aus der Multiplikation des neuen Prozentsatzes mit dem Mindestunterhalt der jeweiligen Altersstufe und ist auf volle

Euro aufzurunden (§ 1612a Abs. 2 S. 2 BGB). Der Zahlbetrag ergibt sich aus dem um das jeweils anteilige Kindergeld verminderten bzw. erhöhten Bedarf.

Es sind vier Fallgestaltungen zu unterscheiden:

1. Der Titel sieht die Anrechnung des hälftigen Kindergeldes (für das 1. bis 3. Kind 77 EUR, ab dem 4. Kind 89,50 EUR) oder eine teilweise Anrechnung des Kindergeldes vor (§ 36 Nr. 3a EGZPO).

$$\frac{(\text{Bisheriger Zahlbetrag} + 1/2\ \text{Kindergeld}) \times 100}{\text{Mindestunterhalt der jeweiligen Altersstufe}} = \text{Prozentsatz neu}$$

Beispiel für 1. Altersstufe:

$$\frac{(196\ \text{EUR} + 77\ \text{EUR}) \times 100}{279\ \text{EUR}} = 97{,}8\ \%$$

279 EUR x 97,8 % = 272,86 EUR, aufgerundet 273 EUR

Zahlbetrag: 273 EUR ./. 77 EUR = 196 EUR

2. Der Titel sieht die Hinzurechnung des hälftigen Kindergeldes vor (§ 36 Nr. 3 b EGZPO).

$$\frac{(\text{Bisheriger Zahlbetrag} - 1/2\ \text{Kindergeld}) \times 100}{\text{Mindestunterhalt der jeweiligen Altersstufe}} = \text{Prozentsatz neu}$$

Beispiel für 1. Altersstufe:

$$\frac{(273\ \text{EUR} - 77\ \text{EUR}) \times 100}{279\ \text{EUR}} = 70{,}2\ \%$$

279 EUR x 70,2 % = 195,85 EUR, aufgerundet 196 EUR

Zahlbetrag: 196 EUR + 77 EUR = 273 EUR

3. Der Titel sieht die Anrechnung des vollen Kindergeldes vor (§ 36 Nr. 3 c EGZPO).

$$\frac{(\text{Zahlbetrag} + 1/1\ \text{Kindergeld}) \times 100}{\text{Mindestunterhalt der jeweiligen Altersstufe}} = \text{Prozentsatz neu}$$

Beispiel für 2. Altersstufe:

$$\frac{(177 \text{ EUR} + 154 \text{ EUR}) \times 100}{322 \text{ EUR}} = 102,7\,\%$$

322 EUR x 102,7 % = 330,69 EUR, aufgerundet 331 EUR

Zahlbetrag: 331 EUR ./. 154 EUR = 177 EUR

4. Der Titel sieht weder eine Anrechnung noch eine Hinzurechnung des Kindergeldes vor (§ 36 Nr. 3 d EGZPO).

$$\frac{(\text{Zahlbetrag} + 1/2 \text{ Kindergeld}) \times 100}{\text{Mindestunterhalt der jeweiligen Altersstufe}} = \text{Prozentsatz neu}$$

Beispiel für 3. Altersstufe:

$$\frac{(329 \text{ EUR} + 77 \text{ EUR}) \times 100}{365 \text{ EUR}} = 111,2\,\%$$

365 EUR x 111,2 % = 405,88 EUR, aufgerundet 406 EUR

Zahlbetrag: 406 EUR ./. 77 EUR = 329 EUR

Anhang: Tabelle Zahlbeträge

Die folgenden Tabellen enthalten die sich nach Abzug des jeweiligen Kindergeldanteils (hälftiges Kindergeld bei Minderjährigen, volles Kindergeld bei Volljährigen) ergebenden Zahlbeträge. Bei der Anwendung des § 1612b Abs. 1 BGB ist für die Zeit bis zum 31. Dezember 2015 weiterhin Kindergeld von monatlich 184 EUR für erste und zweite Kinder, 190 EUR für dritte Kinder und 215 EUR für das vierte und jedes weitere Kind maßgeblich.

1. und 2. Kind	0–5	6–11	12–17	ab 18	%
bis 1.500	236	284	348	320	100
1.501 – 1.900	253	303	370	346	105
1.901 – 2.300	269	322	392	371	110
2.301 – 2.700	286	341	414	396	115
2.701 – 3.100	302	360	436	421	120
3.101 – 3.500	328	390	472	462	128
3.501 – 3.900	355	420	507	502	136
3.901 – 4.300	381	450	542	542	144
4.301 – 4.700	407	480	577	583	152
4.701 – 5.100	433	510	612	623	160

3. Kind	0–5	6–11	12–17	ab 18	%
bis 1.500	233	281	345	314	100
1.501 – 1.900	250	300	367	340	105
1.901 – 2.300	266	319	389	365	110
2.301 – 2.700	283	338	411	390	115
2.701 – 3.100	299	357	433	415	120
3.101 – 3.500	325	387	469	456	128
3.501 – 3.900	352	417	504	496	136
3.901 – 4.300	378	447	539	536	144
4.301 – 4.700	404	477	574	577	152
4.701 – 5.100	430	507	609	617	160

ab 4. Kind	0–5	6–11	12–17	ab 18	%
bis 1.500	220,50	268,50	332,50	289	100
1.501 – 1.900	237,50	287,50	354,50	315	105
1.901 – 2.300	253,50	306,50	376,50	340	110
2.301 – 2.700	270,50	325,50	398,50	365	115
2.701 – 3.100	286,50	344,50	420,50	390	120
3.101 – 3.500	312,50	374,50	456,50	431	128
3.501 – 3.900	339,50	404,50	491,50	471	136
3.901 – 4.300	365,50	434,50	526,50	511	144
4.301 – 4.700	391,50	464,50	561,50	552	152
4.701 – 5.100	417,50	494,50	596,50	592	160

Quelle: www.olg-duesseldorf.nrw.de

III. Künftige Düsseldorfer Tabellen

Die jeweils aktuelle Düsseldorfer Tabelle ist abrufbar unter folgendem Link und QR-Code:

www.olg-duesseldorf.nrw.de/infos/Duessseldorfer_tabelle/

Stichwortverzeichnis